黄金のプラハから来たイエズス会士

ルドヴィーク・アルムブルスター［著］

アレシュ・パラーン［インタビュー］
羽生真名［訳］

教友社

母方チェコの祖父フランティシェク・ヴォジェニーク
（手前）と母の妹マーニャ叔母（1930 年代）

父方のオーストリアの祖父ヨゼフ・
アルムブルスター（右）と、祖母（左）
（1920 年代）

ユーゴスラビアのマカルスカ
保養所での夏休み（1933 年 8 月）

高校卒業式のアルムブルスター（1947 年 6 月）

父母（前列）とヤン（イェンダ）兄（上列、左）、
アルムブルスター（上列、右）（1947 年）

司祭叙階式、一番手前がアルムブルスター。
ドイツ・フランクフルト（1959年7月）

ドイツのオッフェンバッハにおける初ミサ。
右端がアルムブルスター（1959年）

東京神学院哲学科の神学生と鎌倉への遠足。
後列右から4番目がアルムブルスター（1960年代初め）

日本で（1960年代後半）

「プラハの春」後のプラハで。兄のヤン（イェンダ）（左）と（1969年）

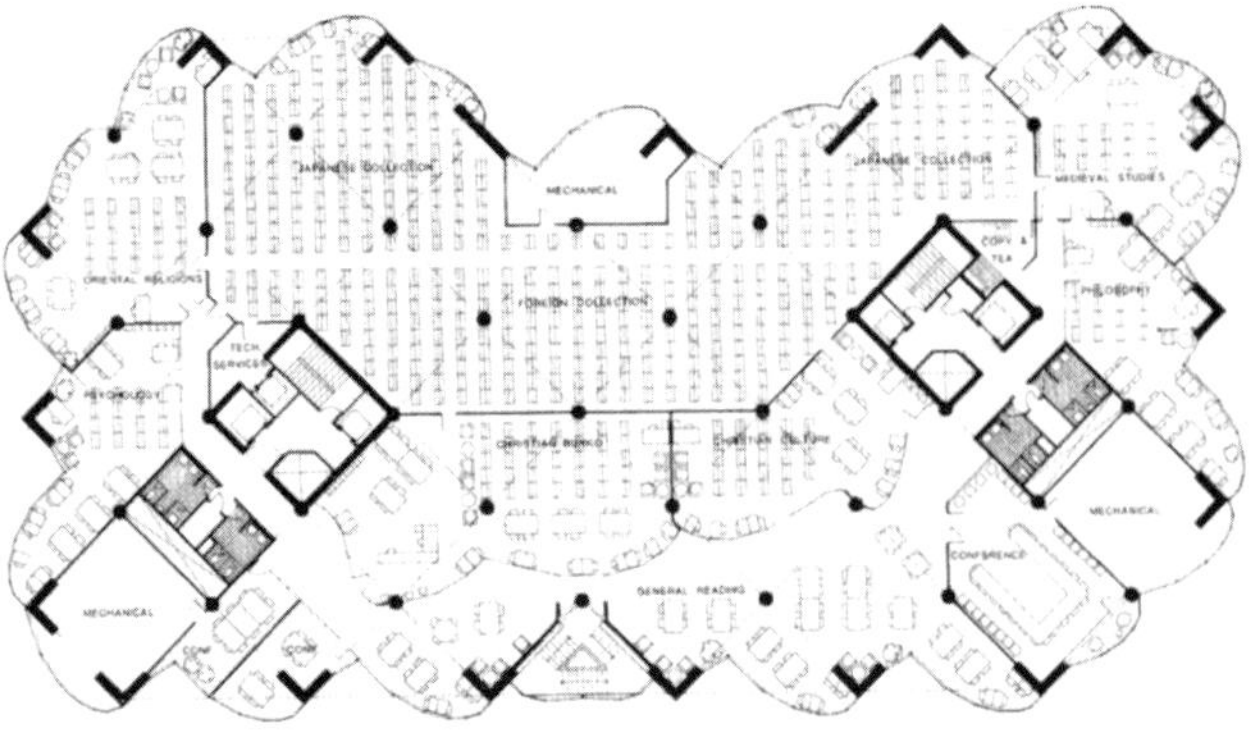

上智大学中央図書館建築の設計案（二つと同じ形の部屋がない案）

実際に建築された箱型の上智大学中央図書館
（中央の白い長方形の建物）

第 3 回福島国際セミナー（FIS）のアルムブルスター
（今道友信が中心となり毎年開催された哲学セミナー、1980 年代半ば）

上智大学クルトゥルハイム・チャペルでの洗礼式（1990 年代半ば）

カレル大学カトリック神学部にて。右はヴルク枢機卿、
中央にアルムブルスター（2000 年代後半）

チェコ共和国大統領（右側）から勲章授与（2008 年 10 月）

黄金のプラハから来たイエズス会士

ルドヴィーク・アルムブルスター［著］

アレシュ・パラーン［インタビュー］
羽生真名［訳］

教友社

Tokijské květy

Ludvík Armbruster

目次◉黄金のプラハから来たイエズス会士

第一章　八十一番目の漢字——一九五二年秋——

——一九五二年（昭和二七年）九月、敗戦からようやく立ち直りつつある日本に、宣教師として船で到着された時のことを覚えておられますか。

A（アルムブルスター）　横浜港で、横須賀のイエズス会日本語学校からの数人が私たちを迎えてくれました。船から降ろした荷物を車に積み、横須賀へ向かいます。

横浜は戦争中、軍の関連施設があったため、終戦三か月前の一九四五年五月、米軍による大規模な爆撃を受けました。市街地も含む広範囲に焼夷弾が落とされ、一万人以上が亡くなったといわれます。戦後アメリカが占領し、横浜港周辺は整備されていましたが、市外に出ると様子が違いました。私たちの車は横須賀へ向かう海岸沿いのでこぼこ道を、あちこちでジャンプしながら走りました。一応舗装されてはいるのですが、舗装にヒビが入り、でこぼこの土を均す時間もない突貫工事だったようです。日本語学校までの四十キロの間、焼夷弾爆撃のせいか緑の樹木はまったく見えず、道路の両側には瓦礫の山が続き、時々小屋が建っています。一か月の船旅と船酔いの末、荒涼たる地の果てにたどりついたような気分になりました。

――日本までの船旅の途中、立ち寄った港町の中では最悪ですね。それだけ敗戦の傷が深かったということでしょうか。

A その通りです。横須賀市内に入り、やっと家らしい建物が見えました。横須賀は東京湾の入口付近にある軍事港で、南側に突き出た二つの岬に挟まれて潜水艦基地がありました。そこは戦後ドイツ人のイエズス会士ブルーノ・ビッテル神父が買い取り、学校を創立した場所です。

今この経過を少しお話しすると、マッカーサーは戦後、ドイツ人宣教師を日本から追放せず、宣教師には国籍はないとして日本の若い世代の教育にあたるよう奨励しました。基地もイエズス会に贈与しようとしましたが、ビッテル神父は、ありがたいができればシンボリックな値段で購入したいと答えたそうです。日本をアメリカ進駐軍がずっと支配することはなく、ただでもらえば後々ただで返さねばならなくなると考えたのです。私が日本に着いた一九五二年、占領から七年が経過し、その年の四月にはサンフランシスコ講和条約が発効しました。数年後、基地の処分をめぐり世の関心が高まります。ビッテル神父は「私たちも購入したのだから、あなたたちも買い取って下さい」と言い、海上自衛隊に土地を売り、その資金で大船などに新しい中高等学校や日本語学校を建設しました。しかし学校の移転は私が一九五六年、ドイツ留学のため一時日本を離れた後のことで、最初に来日した当時は、中高等学校と日本語学校は横須賀の同じ敷地内にありました。

この中高等学校「栄光学園」は早くも神奈川県で二番目の優良な学校として知られるようになりました。そこで生徒は英語とキリスト教的な世界観を学び、多くは洗礼を受けます。イエズス会は戦前、神戸で同様な学校を一つ開設しました。戦後はこの栄光学園に続いて広島でも設立し、私が日本で生活を始めた頃は三つの中高等学校が活動していました。

横浜港から横須賀の日本語学校に着くと、私たちは三～四人ごとに部屋割りをされました。部屋に入り最初の驚きは蚊帳です。最初は蚊帳に慣れませんでした。潜水艦のあった港は目と鼻の先ですから、どこも湿気が高く、蚊にとっては天国のような場所です。九月の終わりになってもまだ蒸し暑く、蚊帳の中にいると息苦しい。でも蚊帳がないと虫に刺されて眠れません。夜寝返りをうって、知らずに腕を網に触れるところまで伸ばしたりすると、その辺りにいた蚊が一斉に集まってきて、網越しに血を吸おうとします。フランシスコ・ザビエルは蚊帳を持っていなかったので歴史上もっとも蚊に刺されたヨーロッパ人でしょうね。日本人は虫除けのために、草をすり潰したものをいぶしたりしていました。煙は人体にいいとはいえませんが、人間の方が蚊より大きいので死ぬことはありません。換気のために窓を開けておかなければなりませんでした。

日本では風のよく通る環境で暮らすことがあたり前で、これが私にとっては驚きでした。ヨーロッパでは「風が通るからドアを閉めなさい」と言われることに慣れていましたから。日本だと風の通らない場所では汗だくになってしまいます。夏になると太平洋から日本列島を通ってシベリアの方向に季節風が吹きつけます。湿気をたっぷり含んだ風で、コンクリート製の日本語学校の中には湿気がこもり、壁に指で文字を書くこともできるぐらいでした。さらに水滴が壁を伝い、床に水たまりができていました。日本人はそうした気候に折り合いをつけて暮らしていました。伝統的な日本の家屋は三十センチぐらい地面から浮かせた床に粗板を渡し、畳を敷きます。床の下を風が吹き抜けるようになっているのです。今でも日本の住居にはたいてい一つは和室が残されており、コンクリートの上に畳を敷きます。しかし時代は変わりました。人々は椅子に腰かけるのが普通で、正座は苦痛のようです。若い人は着物もうまく着ることができません。卒業式の時などに着てきますが、年配の日本人がその着こなしを見て微笑んでいることもあります。

――横須賀でミサを始めた時、そのような服装のご婦人は。

A　晴れ着を持っていても、周囲の環境はそれを着る華やかな雰囲気からほど遠い、厳しい時代でした。私たちの到着から一週間後、江の島に遠足に出かけた時、そこで見かけた人々は誰も買わないような物まで売り歩き、島の自然さえ疲弊しきっているようでした。

――日本語学校の同級生はどのような方々でしたか。

A　多くはスペイン人でした。他にもドイツ、イギリス、アイルランド、フランス、カナダ、ベルギーなどから来ており、二十ぐらいいろいろな言語が話されていました。二年コースに合計四十三人の学生がおり、すでに司祭に叙階された人も数人いましたが、たいていは私と同様、司祭になる勉強を途中で中断して日本語学校に入っていました。外国語はなるべく若い頃のほうが習得し易いからです。私は二十四歳で、まだ何とかなりそうでした。

――日本語は他の言語より習得が難しく、宣教師の脱落率も高かったと聞きます。ヨーロッパへ戻る同僚はいましたか。

A　数か月で帰国した者もいます。ここは自分の居場所ではないと思えば戻って他のことをする方が合理的でしょう。残った私たちは日本語の勉強に励んでいました。よい図書館もあり、興味があれば日本の歴史や芸術、文化について調べることができます。私たちは言語教育で有名なアメリカのミシガン大学で開発された方法に従って勉強しました。まず勉強の前の晩、アメリカ人の先生が英語で日本語の文法を説明します。翌日、五人ずつのグループに分かれ、グループごとに一人の日本人の先生がつきます。先生が「帆船はモーターボートよりも早く進みますか」と言うと、生徒は「いいえ、帆船はモーターボートよりも早く進みません」と答える。「モーターボートは帆船よりも早く進みますか」と聞けば、「はい、モーターボートは帆船よりも早く進みます」と。この調子でへとへとになるまで繰り返します。

――日本人の先生は日本語だけを話したわけですね。

A　はい。英語はあまりできませんでした。私も似たようなもので前の晩、英語で日本語文法の説明を受けても、ちんぷんかんぷんでした。机の上には和英辞典、英独辞典、独チェコ辞典を置いて勉強します。英語が母国語のアイルランド人やイギリス人が羨ましかった。でも彼らは親切に手伝ってくれました。横須賀での二年間は長く単調な暮らしでした。

――会話と読み書きのどちらから始めましたか。

A　同時に、しかし一歩ずつ学びました。教科書の一冊目はローマ字で、二冊目はカナで書かれています。そこに徐々に漢字が加わります。漢字の勉強の出だしはよくて、うまく記憶に残り、喜びを感じました。しかし喜びは八十字止まりでした。八十一番目の漢字を覚えると、一番目に覚えた漢字を忘れてしまうのです。まるで限られたメモリーしか持たないコンピューターのようです。メモリーがいっぱいになると何かをつけ加えるために相応のものを消さねばならない。ヨーロッパでは漢字の勉強に必要な視覚的記憶力を発達させる機会がありません。結構複雑な漢字と漢字の違いが本当に微々たるもので、記憶するのが困難でした。これにぶつかって一部の学生が、日本語は自分には学べないとあきらめ、離れました。しかし何か月も根気よく続ければ、眠っているこのタイプの記憶力が目覚めてくるのです。

日本は漢字を中国から受け継ぎましたが、中国の表意文字はそのままでは日本語に適さず、日本語の文章の中で言葉にさらに音節をつけ加える必要がありました。その表音のため、日本は漢字を簡素化したカナというものを作ります。日本語は音節を母音と子音に分けず、七十五音節しかないので、カナでこと足りたのです。

――本当に日本語にはそれだけの音節しかないのですか。

A　ありません。日本語はイタリア語と同様、音節はすべて母音で終わり、子音は続けて発音できません。だからヨーロッパなどの言語をカナで表すと元の発音が台なしになります。私のアルムブルスターという名前は三音節ですが、カナだと七音節になりますから。

チェコの子供はアルファベットを習えばいいのですが、日本の子供はひらがなとカタカナのセットをまず覚え、それから初めて中国から受け継いだ漢字の勉強に入ります。中国の古典にはおよそ五万の漢字があると言われます。すべてを覚えている人はいません。私の手許にある漢和辞典には一四九一二字が収録されています。日本の文科省はたしか一八五〇字を選び、高校卒業までに取得すべき漢字と定めています。一八五〇という数は一つの言語を扱うには少なく感じるかもしれませんが、だいたい二つの漢字を組み合わせて一つの言葉が成立しますから、一千字あれば百万語が成立します。

日本は東の果てにある地です。中国で、とうに忘れられたものが日本では常に生きている。

――日本から先へは行かれないでしょうね。

Ａ　だから私たちは冗談で、イエズス会が全世界で消えた後も日本にだけは残るだろうと、笑っていました。

――そこでやっとイエズス会士は日本語を駆使することになると。

Ａ　日本語、特に文字になった日本語は本当に複雑な体系です。二年間日本語学校で勉強した基礎の上にどう発展させるかは各自の努力次第です。十九世紀前半に日本に来た宣教師たちは八百語の話し言葉で満足しました。その基礎の上には発展の可能性、日本文化に接する可能性はなかったでしょう。

――あなたご自身は基礎の上にどのような努力を。

Ａ　ＮＨＫのラジオのニュースで聴き取れるだけ聴き取り、それを翌朝の新聞の記事と結びつけていました。その後、不承不承日本語の哲学的文献に挑まなければならなかったのですが。しかし中世文学にまで挑む勇気はありませんでした。

日本語はここ百年で著しく変容しました。西洋との接触や翻訳文学の影響もあるかもしれません。ヨーロッパの言葉にはそれほどの変化はなく、ドイツの若者はゲーテを楽しみます。しかし日本の学生が十八～十九世紀の日本の小説を読むには、その時代の日本語を学ぶ必要があり、まるで別の言語のようです。

――もしかしたら言語だけでなく社会についてもいえることなのでしょうね。

Ａ　その騒乱期に私たちは日本に来たのです。無論、どういう状況に自分たちが置かれているのか知る由もありませんでした。

――日本語学校の最初の二年間の苦労は報われましたか。

Ａ　二年というのですか？　日本語の勉強について質問を受け、私たちが冗談で答える時の殺し文句は、「いやぁ、最初の二十五年が一番難しいよ」というものでしたが。

当時の二年間の経験で言えるのは、外国語を学ぶには二人の先生の協力が決め手になること。一人はその外国語を母国語とする先生。もう一人は学生と同国人で学生にとってその外国語のどこが難しいか分かる先生。この二人が協力すれば理想的です。しかし私たちの日本語学校では二十か国からの出身者がいましたから、できない相談でした。最初の頃私にとって言葉の壁はかなり越えがたく、二十四歳になって、もう一度読み書きができない者になるという体験をしました。通りの看板を読むことができない。他人の言うことも分からない。伝えたいことも伝えられない。田舎では駅名のローマ字併記もなかったので初めて遠足に出かけた時は、もし迷子になったら二度と家に帰れないと思い、ガイドの方にしがみついていました。

慣れてくると一人で町に足を運ぶこともありました。同級生のイギリス人でシェークスピアに心酔していた男がいます。日本人がどれほど親切で心優しい国民であるかを伝えようと「ちょっと一本でも横道に逸れてごらんよ。それだけで皆がお茶に誘ってくれるんだよ」と熱っぽく語っていました。この話を先輩のドイツ人神父が聞いて、町の散策途中に脇道に立ち寄ることが禁止されました。界隈には売春宿があり、お調子者のイギリス人はお茶に呼ばれたのではなく、まるっきり別の目的で誘われていたようです。日本語もできず、その辺りの事情も承知していませんから、分からなかったのでしょう。売春が合法の時代でした。横須賀周辺にはまだアメリカの海軍の兵隊が大勢いました。

——若い宣教師たちは日本の環境と、何か別の形で接触することを求めていたのですね。

A 日本語学校のアメリカ人の校長も日本語を完全にマスターしているとはいえませんでした。そのくせ授業開始から三か月ほど経ったある日、「君たちにも何かできるはずだ」と突然言い出し、私たちに毎週日曜日に近くの教会で協力活動をするよう命じます。戦後数年の日本では外国人に様々な特権がありました。外国人宣教師は教育学部を卒業していなくても、幼稚園の先生になりその給料をもらうことができました。その結果幼稚園が宣教活動の経済的基盤となり、PTAの集まりを通して日本人の家庭とも接触できたのです。

アメリカ人の校長が私たちを派遣したのは、日曜学校の先生をさせてみるためです。三か月の日本語学習後、幼児相手なら日曜学校の先生になれると考えたようですが、それは校長の間違いでした。私のグループは三人で、アメリカ人、ハンガリー人と私です。日本語学校から十五キロ離れた金沢八景の子供たちが私たちの日本語学習の犠牲者となりました。もちろん三か月の学習は役にたたず、聖書の歴史を描いた絵を見せながら用意してきたことを話しますが、子供たちは何一つ理解しませんし、私たちも子供たちの言っていることが分かりません。それでも毎週日曜学校へ来ては鼻が高く金髪碧眼の外人を仰天した顔で眺め、それだけで愉快そうでした。絵を見、話を聞き、理解できないながら何か質問してくれましたが、こちらも何を聞かれているかさっぱり分からないということが続きました。そこで一緒にいたアメリカ人の同僚が妙案を思いつきます。質問にはとにかくまず「はい」と返事をしておくというものです。子供がおとなしく席に着けばそれで良し。驚いた表情で「ほんとう?」と返して来たら、すかさず「いいえ」と訂正するという案です。これで子供たちは皆、席に着いてくれました。

——「はい」だけでどれぐらい持ちましたか。

A　少しずつですが子供の会話に入り込めるようになりました。この「はい」は単純ではありません。旅行者は半ば当然のように「はい」を同意の意思表示だと受け取りますが、日本語では必ずしもそうとは限りません。最近は英語の影響で少し違っているのかもしれませんが、例えば「おかわりはいりませんか」という質問に対して「はい」と答えると、おかわりはいらないという意味になります。これ以外にも日本人が「はい」と言うのを耳にする機会はあるでしょう。「分かった」と言う代わりにそのように言うことがあります。電話での会話の途中、立て続けに「はい、はい」と言われることがありますが、あれはきちんと聞いていますよという合図です。

丁寧な表現が日本語には発達しており、これが原因で失敗することもあります。挨拶はどの言語でも文字どおり訳すと意味をなしませんが、日本で初対面の人から別れ際に「お近くまでいらした折は、ぜひうちへお立ち寄り下さい」などと言われることがあります。日本語学校では、これは決して本気で招待しているわけではなく、実際に訪れるとバツの悪い思いをするから気をつけろと言われました。本当に招待を受けたなら日時まで指定してもらえるが、そうでない場合はその意味はただ、さようなら、にすぎないと。

——日本の環境になじむまでには罠がたくさんあったのですね。

A　一歩ずつ前進しました。日本人は友人を家に呼ぶということはまずありません。レストランに誘う方がずっと多いでしょう。これはもしかしたら戦後すぐで多くの人が質素な暮らしをしていた時代だったからかもしれません。誰かを家に招待することは親しい間柄ではなされていました。レストランに招待されたのなら少し距離を保とうとしているのです。また礼儀作法として微笑むことが求められます。感じよく、礼儀正しくしていることが大切です。日本人はいわば礼儀作法というベールや垣根を設けていますからその向こうに何があるかは分かりません。それを超えられた外国人だけが、それでもやはりレストランですが、招待してもらえるのです。

――そうした垣根は外国人に対してだけですか。

Ａ　日本人同士でもあります。日本人の対人関係には垂直的な上下関係が支配的で、水平的な同僚関係はほどほどだと言われますね。アメリカ人はこれを上り坂の自転車のこぎ方に例えていました。坂の上に向かって頭を下げ、下に向かってペダルをしっかり踏むと。

――家族関係も自転車的に対応するのですか。

Ａ　当時はまだ、女性は最初は父親、次に夫、最後は長男の指図に従うものという古い考えが残っていました。さらに夫の両親や兄弟姉妹、祖父母との関係があります。このシステムの中に外国人宣教師が割り込むことはやさしくはなかったのです。

宣教師は日本人からすれば必要ない職業で、あまり来て欲しくない様子でした。私たちは玄関先の押し売りセールスマンのような印象を持たれていました。小脇に商売道具を抱えてドアからドアへと歩き、呼び鈴を押して、出てきた奥さんに「必要ありません」と言われドアをバタンと閉められる。そして隣のドアに移動する。何だか子供時代にいた鍋の修理職人を思い出します。日本には違うタイプのセールスマンもいて刑務所から出たばかりの人たちです。彼らは社会復帰が難しく、仕事がないので売り歩きをしていたのですが、留守番をしているご婦人方には怖かったと思います。日本の田舎では入口に鍵を掛けませんから、男が来て玄関先で口上を述べれば聞かざるをえない。

「昨日ムショから出てきたんだけど、この石鹸買ってくんねえか」なんて言われたら怖くて買ってしまいそうです。宣教師はこれと同じ類の人間だと思われていました。

——仕事に幻滅することはありませんでしたか。期待した通りの仕事ができなくて。

A ロマンティックな憧れから宣教に出たのではありません。飛び込み営業のような宣教を両手を広げて迎えてもらえるとは期待していませんでしたが、神の思し召しと思い、苦手ながら努力して行っていました。若い宣教師は自分の使命のため徐々に成長しなければなりません。スペイン人の同僚のように社交的でない私としては、初対面の人と即座に打ち解けることはあまり得意ではなく、いつも困難を感じていました。そして私たちの宣教活動がしばしば実らなかったのも、人と気軽に付き合う才能が欠けていたからかもしれません。ご主人が仕事に出かけ、昼間一人でいる婦人を訪問しても、家に男性宣教師を入れることは難しく、現地の社会に溶け込み、人々との関係を築くことはできませんでした。

そこで私たちは自国の小教区に手紙や写真を送り、日本の状況を報告して寄付を集め、そのお金で地元にまず小さな教会を建てました。そこに日本人が集まるのを待っていましたが、教会はいつも空っぽでした。邪道でした。

——やはり本末転倒でしたね。

Ａ　人々の生きた交流から、いくつかの所帯が家で集まって交互に会を持ち、やがて人数が増え家に入りきれなくなって初めて教会の建物を造るのが順序です。それをまずコンクリートの建物を造って人を集めようとしたのは、エネルギーを建物に費やし、結果は伴わず、一九五〇～六〇年代の地方における私たちの宣教の失敗といえます。

――しかし例の幼稚園があったでしょう?

Ａ　はい、教会が日本で根づいたのは学校を通してです。まず幼稚園、次に小中学校、そして高等学校。数々の女子修道会が女子中高等学校を創設し、いくつかはその上に単科大学を作りました。

――二年間の日本語学校終了後、そういう学校で働けると思っていましたか。

Ａ　将来について具体的なイメージはありませんでした。自分ではどうにもならず、命令次第というところがありますから。ただ、地方の宣教所に送り込まれたらどうなるか、社交が不得手な私としては周囲との人間関係で立ち往生するのではないかと不安でした。

夏休みや春休みになると若い宣教師の卵や学校で働く神父は、研修のため地方の宣教所の手伝いに派遣されます。ある時スペイン人の同僚と数週間、山陰の松江に、ドイツ人神父を手伝いに行ったことがあります。

松江は古い日本の町並みと美しい自然が残る、おだやかで静かな町でした。そのドイツ人神父は第二次大戦前から長い間山陰地方で宣教をしており、戦前の宣教活動の典型のような人で、日本語を独学で学んだため不自由をしていました。パリ外国宣教会のフランス人宣教師たちが教会を創設した教区で働いており、施設の中でもぼろぼろで隙間風の吹きすさぶ教会や司祭館は、彼らから受け継いだ古いものでした。

私たちがドイツ人神父を訪れたのは二月のことです。その和洋折衷の司祭館はとても寒い建物で、私たちは二階の灯油ストーブのある部屋に泊めてもらいました。数日経ってふと神父が施設の中のどこで寝泊まりしているのだろうと疑問に思いました。わざわざ尋ねるのもおっくうで、建物の中に空室はありませんから、別の場所に住居があるのだろうぐらいに考えていました。

ある日、事務所を通った時、突然予期しなかったことが起こります。事務所のデスクの後ろの襖がすっと開き、狭い押入れの中から年老いた神父が這い出てきたのです。彼はその押入れに住んでいました！　独和辞典と和独辞典を机に置き、日曜の説教の準備を一週間かけて延々とその中でしていたのです。だから彼の説教は終わりがないのではないかと思うぐらい長いもので、教会にやって来た人々は午前中いっぱいを礼拝で費やしていました。話す言葉は正直なところあまり理解されているとはいえませんでしたが、それでも親切で献身的な人柄から尊敬され、彼に会おうと訪れる人々がたくさんいました。

教会の近くにプロテスタントの教会があり牧師も住んでいますが、ドイツ人神父は何十年も松江に住みながら、一度も牧師に会ったことがありません。しかし一緒に研修に行った社交的なスペイン人同僚は、すぐに牧師のところへ挨拶に行っただけでなく、すでに東京から松江へ向かう途中の列車で、乗り合わせた松江市の職員と仲良くなり、数日後には松江のカトリック教会の昔からの秩序をひっくり返すようなことが起こります。カトリック・プロテスタント共同主催の礼拝が行われたのです。市役所との付き合いも始まります。ドイツ人神父は呆然と眺めているだけでしたが、私たちを派遣した東京の管区長に手紙を送り、あのスペイン人を二度と松江へ来させないでほしいと頼んだそうです。

——日本語学校の学生として、それなりに日本を知る努力をなさったでしょう。

A　夏に日曜学校の教師グループ三人で富士山に登りました。日本には「登らぬ馬鹿、二度登る馬鹿」という言葉があります。最近は欧米の影響で変化してきましたが日本人はあまり山登りをしません。しかし富士山だけは別です。標高三七七六メートル。海の近くに聳える壮大な山です。日本人は富士山に登り、日の出を昔から拝んでいました。

——そのために夜明け前、暗いうちから登山を始めるわけですね。

A　その通りです。日本では多くの山の頂きが陥没していますが、富士山はまだ形を保っています。上までの道のりは十合に分かれ、途中の山小屋で休憩、飲食ができます。一九五三年に登山した時はバスで三合目まで行きました。そこから五合目まで、森林の中を抜けていく道は気持ちよかった。五合目からは火山灰が広がっています。今、よくある登山計画は五合目までバスで登り、八合目の小屋で一晩を明かし、日の出前に山頂を目指して登るものだそうです。冷たい風が吹き、長くは耐えられないその山頂でじっと日の出を待ちます……。そして手を合わせる。何に対してかは分かりませんが、神道の天照大神にかもしれません。

富士山に登るのに最適なのは七月と八月で、冬は危険です。天気は急激に変わり、濃霧も立ち込めます。上空を飛行することは禁じられています。一九七〇年代、富士山の周りでは三つか四つの航空機事故があったはずです。

私たちは八月末にワインを持って富士山に登りました。ハンガリー人の友人が富士山頂の広大な噴火口を一周してくるというので、後の二人は吹きっさらしの中で待つうち、あまりに寒くてワインをすっかり空けてしまいました。戻ってきた友人は大いに憤慨しましたが、それ以外はとてもいい登山でした。

――噴火口は下まで覗けますか。溶岩が見えるのでしょうか。

A　いいえ、見えるのはすり鉢状の坂だけですね。活火山で溶岩があるような山は日本では三つぐらいで、東京近郊には大島があります。ここは日本の昔の恋愛文学の舞台にもなっています。両親に結婚を許されなかった恋人たちがあの世で一緒になれるようにと心中を図った場所です。ある時期、大島の火口で心中することが流行した時期もありました。

――富士山は休火山ですか。

A　たしか富士山の最後の噴火は十八世紀はじめだったと思います。火がないわけではありません。三百年間の昼寝《シエスタ》をしているだけで、富士山はまた火を噴き、美しい姿から豹変すると言われます。

――登ったのは一度だけですか。

A　はい。「二度登る馬鹿」にはなれませんでした。

――活火山のある所には温泉が湧き出るといわれますね。

A　日本には火山が多く、地方ではあちこちに温泉があります。温泉は気持ちいいですよ。日本人は綺麗好きで毎日入浴します。夏は蒸し暑く汗をたくさんかきますから、ほとんど義務のようなものでしょうか。都市部にも以前は温泉と似た形式の公共の銭湯がありました。日が暮れると町中の人が集まってきます。湯船の中で体を洗ってはいけません。裸になり洗い場で体を洗い流してから、何人も入れる大きな湯船のきれいなお湯の中に入り、のんびりリラックスして座ります。時々外に出て体を冷やし、また湯船に戻ります。そんなふうに一時間ぐらいゆったり過ごすのです。

現代の日本では家の風呂場に小さな湯船と洗い場があります。銭湯の数は大幅に減り、その習慣も廃れました。銭湯の役割は体を洗うだけではなく、新聞のない時代の情報交換の場でもあったのです。昔、銭湯は男女混浴ということもありました。不道徳的なことはほとんどなかったと聞きます。手ぬぐいで前を隠し、裸でも礼儀正しく風呂に入っていました。ヨーロッパ人がこの百五十年前、裸の男女が一緒に風呂に入るなんて恥ずかしいことだと言うまで混浴はどこでも通用していました。こうしたことは文化的に条件づけられることなのでしょう。チェコも性的に開放的と言われますが、これも自然にそうなったのではなく、文化的な現象です。

——大きな地震は経験されましたか。

A　家中の家具が動き、棚のガラスが鳴る、という程度の地震は、日本ではしばしば起こります。一九二三年の関東大震災の時、七万人が亡くなりました。当時こういう大きな地震が東京では四十〜四十五年ごとに起こるといわれていました。

一九九五年、大きな地震は起きましたが、東京から五百キロ離れた神戸でした。その日の朝、髭を剃っている時、地震を感じました。ラジオから神戸の地震情報が流れ、約六千人が亡くなりました。日本にいる間、津波を伴うような地震が何度も西日本でありました。地震には慣れることができません。いつ起こるのか、どれぐらいの規模なのか、さっぱり分からないのが地震の怖いところです。

二〇一一年三月一一日は、誰もが記憶に残っている出来事と思います。またもや東京を迂回し、震源は三百キロ北東の仙台沖から太平洋沿いの広いエリアに及び、福島では第一原子力発電所がメルトダウンを起こしました。地震が仮に東京を直撃していたら想像できないぐらいの被害があったでしょう。東京は行政の中心で救助活動の指示を出す場所ですから……考えたくもないことですね。

――日本語学校で、卒業試験のようなものはありましたか。

A　ありません。宣教師のための個人的な教育機関でしたから。宣教師として必要な言語を身につけるのに皆必死で、試験で圧力をかける必要はありませんでした。

日本語学校の二年間の出来事に、管区の会計係ビッテル神父が警察に逮捕されるという事件がありました。麻薬の売人と疑われたようです。そのことで当時の管区長が神経衰弱になって倒れ、誰かが代わりを務めなければならず、広島から修練長だったペドロ・アルペ神父をお呼びしました。アルペ神父は困難があるとますます張り切る方です。災害や事件が起こるたびに、すぐさま現場に駆けつけます。ビッテル神父はしばらくして事実無根として戻ってきました。

――アルペ神父と言えば、イエズス会の総長も務められた方ですね。

A　アルペ神父は長い間日本の管区長でした。通常は三年の任期を二期、六年が限度です。しかし日本は戦前の北ドイツ管区から戦後独立して準管区となり、更に日本管区となりました。アルペ神父は日本で準管区長六年の後、日本管区長としても六年務められたのです。ローマの評議会は日本管区はどうなっているのかと査察官を送ってきました。査察のせいでアルペ神父の日本での最後の日々は大変だったと思います。

その頃ローマではヤンセンス総長が亡くなり、イエズス会の総会が開催されると、新総長にアルペ神父が選ばれました。査察担当者は二年間アルペ神父について調査した報告レポートを新しい総長に手渡すことになり、アルペ新総長がそれを受け取り、引き出しに入れてしっかり鍵をかけたということです。

――逮捕された会計係ビッテル神父は、釈放後、仕事に戻ることができましたか。

A　はい。非がないのは明らかでしたから。しかし日本の警察は神父が闇市でドルを換えていたという理由で、面子にかかわる誤認逮捕の事実を認めませんでした。実際ドル交換はしていましたが、当時は誰もがしていたことです。新聞に闇市でのドルの交換レートが載っていました。私たちは貧しく、あの手この手で活動資金を集め、進駐軍のお布施をドルで集めては、それを円に換えて会計の足しにしていました。神父は保釈も許されず拘置所に拘留され、冬も毛布一枚で凍えていましたがめげませんでした。

ビッテル神父はとても長い間、管区の経済を握っていました。管区長がすべてを決定しますが、その決定が実現可能かどうか判断するのは会計係です。管区長は長くて六年で変わりますが、会計係は残ります。いろいろな顧問会から提案の実現可能性を相談されるたびに、できるかできないかをビシっと判断し、大変経営感覚に長けておられました。私が総長から日本宣教の命令を受けた時、日本から歓迎の手紙を下さったのは、日本の管区長ではなく会計係のビッテル神父でした。お手紙には「私はビッテルと申しますが、ビター（辛辣）ではありません」と書いてありました。

――戦後は財政的には厳しい状態が続いたのですね。

Ａ　アルペ神父が管区長だった頃の日本には毎年二十人の若いイエズス会士が派遣され、同数の日本語学校卒業生が出ます。卒業生の中にはすでに司祭になった者もいたし、まだ勉強途中で日本語学校卒業後、神学の勉強に向かう者もいます。アルペ神父は彼ら一人一人の将来の計画も立てねばならなかった。毎年二十人の働く場を作るのは並大抵のことではありません。

そこで新しい事業に着手します。私たち若者の衣食住を確保するため、世界中からお金を集めてきます。世界各国に赴き、熱心なカトリック信者に「日本ではつい最近、歴史上初めて宗教的自由が認められ、ここでの宣教活動のために働きたい若者が大勢いるが、それを支える経済的基盤がない」と説いて回りました。見事な口上です。このせいでアメリカでもヨーロッパでもアルペ神父は知られるようになり、物乞いとしては非常に成功を収めました。イエズス会には世界中どの地域にも彼のことを知る人がいて、だから後に総長に選出されたのでしょう。

――あなたに対するアルペ神父の計画はどのようなものでしたか。

Ａ　私の二年間の日本語学習を実りあるものと考え、満足しておられました。さらにローマで哲学を修めたこともご存知でした。哲学や神学を学んだ若いイエズス会士には数年間の実務が待っています。アルペ神父は私に、上智大学で哲学を勉強する日本人イエズス会士たちの面倒を見るようにとおっしゃいました。嬉しかったです。二年間ぶらぶらしてよく、おまけに私が修めねばならない研究課題はないなんて。チューターとして若い神学生の手伝いをしながら日本でのんびりと二年間を過ごす薔薇色の展望は、心弾むものでした。

しかしこの夢は、じきに破れました。哲学ゼミに向かう廊下を鼻唄交じりに足取りも軽く歩いていると、向こうから痩せた背の高い男性がスーッとこちらへ向かってきます。白髪で透き通るような顔色をした、お化けのような人物です。すれ違う時、そのお化けから声をかけられ、思わず飛び上がりました。「あなたが、我がイエズス会哲学生のチューターをこれから務めるという、かのアルムブルスター?」。何というまわりくどい、まるでドイツ語のような日本語。私が頷くと彼は、

「それは恥ずかしくない?」

と、さらに妙なことを言います。私は否と大きく頭をふりました。(恥ずかしくないどころか、ものすごく楽しいにきまってるじゃないか!)

するとお化けが続けます。

「二十六歳、順風満帆の働き盛りに、ここでただ二年間ぶらぶらと楽しく過ごしたいだって? さっさと博士課程に入る手続きを取りなさい! 私が指導教授になるから」。

ん……悪くないかもしれない……と思いました。私としてはグレゴリアン大学で哲学を修めているし、今後の神学の勉強の前にここで哲学の博士課程に入るのは、そう悪い考えではないかも……。左右に大

きく動いていた私の頭はピタリと止まり、一瞬の空想の後、当然のごとく縦に動き始めました。哲学の博士課程への進学提案は、魚を釣る餌のように私の前に投げられ、私は見事につり上げられてしまったのです。

――お化けの正体は分かっていたのですか。

A　いいえ、全然。ただこのドイツ、エアフルト出身のミュラー神父と私の間に、徐々に深い友情が育ち、彼は私の親代わりになりました。戦前から日本で宣教活動をされ、ローマで取得した博士号は教会法の分野でしたが、実際の内面的性格、興味は哲学者のものでした。日本では教会法について司教団の顧問として働いておられました。

信者の中にはカトリックの信者以外と結婚される方も大勢います。当時の教会法では、カトリックの女性がキリスト教の信者でない男性と結婚するためには教会の特免状が必要でした。カトリックの教育を子供に授けることを確約する署名をしなければならない。日本では不可能でした。ミュラー神父は全世界で通用する教会法は日本には向かないものと考え、例外を設けるようローマと交渉し成功しました。

ドイツの教区からは戦前日本に優秀な学生が日本語学習のため送り込まれましたが、戦争のため日本から出国できなくなり、彼らの哲学や神学の勉強のため、ミュラー神父のような学識豊かな人物が更に送り込まれたのです。戦後、彼はそのまま上智大学哲学科で教え続けました。

――博士論文のテーマとして何を取り上げましたか。

A　二年でまとめねばならないので、その期間で仕上がるテーマを選びました。博士論文はドイツ語で書きました。カール・ヤスパースの哲学の枠組みの中で客観的な形而上学を発展させる可能性を考察しましたが、ドイツ語で学術的文章を書くことに慣れない私はかなり苦労しました。私は名字こそオーストリア人の祖父から受けたものの、母はチェコ人でドイツ語を学んでいませんし、家ではチェコ語だけを話して育ちましたから。第二次大戦中、チェコがナチスドイツの保護領となった時代、プラハの高校でドイツ語を週十四時間勉強することになりましたが、ドイツによる占領への反発とチェコへの愛国心から、ぎりぎり試験に通る程度にしか勉強しませんでした。真剣にドイツ語を勉強したのはこの博士論文の二年間が初めてです。ヤスパースに関するあらゆる文献をドイツ語で読む必要があり、同じ言語で論文を書いたので何とかなりました。

その頃ローマからグレゴリアン大学の元総長が、上智大学神学部の設置許可のため来日していました。上智のイエズス会士たちは博士論文口頭試験のレベルの高さを示すため、彼を試験の主席審査員に迎えられる日に試験日程を設定し、私の試験は彼がいる時に実施されました。論文はドイツ語で書いたのですが、口頭試験はイエズス会の慣習にのっとりラテン語で行われました。

――その二年間、日本人学生の面倒もみておられたのですね。

Ａ　はい。上智大学文学部には十三学科があり、そこに哲学科も置かれています。同じ哲学科でも専攻によりスコラ哲学と一般哲学があり、私が面倒をみていたイエズス会の学生たちは主にスコラ哲学専攻で、文学部の四年間を終了するとそのまま神学部の三年生に編入されました。ラテン語はスコラ哲学科では日本語で教えていましたが、中には日本語が不自由でラテン語で教える先生もいます。彼らがラテン語でつかみきれなかった内容を、寮で私が日本語に置き換え、皆で復習するようにしていました。

――つまり授業内容の復習のお手伝いをされていたと。

Ａ　生徒同士で協力して、授業の役に立つことをしようとする一種のサークルです。イギリスのチューター制度とは異なります。私はイギリスの制度を自分で経験したことはなく、同僚が語ってくれたまま話せば、イギリスのチューター制度の利点は常に何か論文を書き続けなければならず、そのために大量の文献を読むことになるというものです。自分の考えていることを文章で表現する技術が学べますね。翻って、スコラ哲学のやり方は詰め込み式です。

私はスコラ哲学専攻の学生たちと一緒に、当時飯田橋にあった聖三木修道院に住んでいました。学生の中には私より年上の人もおり、戦地から帰還したばかりの軍人もいました。あの当時の日本では、学校を卒業してすぐイエズス会士を目指すような人はほとんどいません。社会人になってから方向を転換し、修道会に入ることがしばしばありました。

三月の終わり、飯田橋の修道院から皇居の外堀に沿って大学へ向かう道に、桜が見事に咲いていました。良い香りの花のトンネルの下をくぐりキャンパスを目指します。開花して、寒い時は二週間ぐらいもつこともありますが、風が強いと三日で散ってしまいます。

――桜は日本の風土の一部となった、まったく神話的な木ですね。私たちチェコの国花、菩提樹以上のものでしょうか。

A 桜の儚い美しさは俳句によく現れるモチーフです。有名な句に「世の中は三日見ぬまの桜かな」というのがあります。ここで世の中と言っているのは男女の仲でもあります。日本文学の美意識には独特の憂鬱で沈んだトーンがあります。

博士課程に登録すると、例のお化けのような指導教授ミュラー神父が、私のために様々なゼミを開いてくれました。このゼミは、ドイツの大学の博士課程にありそうなプライベートなゼミでした。参加者は私一人、教官は日本文学にとても詳しく、後に東京大学の美学の教授になった今道友信氏で、日本の神秘的な美しさに対する私の目を開かせてくれました。日本人はもともと自然を愛する天真爛漫な子供のような民族ではないでしょうか。開放的で喜ぶことの好きな日本人。仏教が浸透する前の万葉集の和歌に触れて、私はそのように感じました。しかし同時に日本には、仏教によってもたらされた憂鬱なものへの独特の美意識も存在します。日本語の「あきらめ」に対応するチェコ語の言葉があるでしょうか。それは言ってみれば、ある痛みと和解しながら、自分の人生を良くする努力を止めてしまうようなことです。仏陀の知恵に生に執着することがすべての苦しみと悲嘆の根本原因だとあります。この根は断ち切らないといけないと。突き放してすべてを捨てる。物質的な執着を捨て、財産も便利さも愛も憎しみも次々に捨てる。それらは根本的真理に比べればどうでもよいことだと考える。ヨーロッパにこのような考えはありません。ですから「あきらめ」という言葉にぴったり対応する言葉がないのです。

ゼミでは日本の憂鬱さは外来のものだと説明されました。かつてマルクスが言ったように、歴史の中で生じたことは歴史の中で再び変化することがある得る。仏教的憂鬱さが歴史の中で日本に入ってきたものなら、再び消えうせることもあるかもしれない。自然を愛する小さな子供のような喜びに日本が戻ることもあるでしょう。

——あきらめと喜びの共存はパラドックスですね。

A　日本人は非常に形式を重んじるフォルマリストです。矛盾はいろいろあります。俳句はことごとく形式に従わねばなりません。季語を入れ、字数制限もリズムもある。しかしその形式の中に、日本人にとって自由な世界が開かれる。だからパラドックスは日本では妨げではなく、常なのです。俳句が実際に生きるのは、聞いている人がそれを受け止め、自分の中で完成させる時です。そして一番大切なことは、言われていない。

私としては私たちの伝統の中で、カトリック教会の典礼において似た経験をしています。非常に規則にしばられるが、その中に自由な境地があるのです。

――日本ではこうして大事なことは言われないわけですが、ものを名指して言わない空間の中にヨーロッパ人は入っていけるのでしょうか。

A　これこそ文化的隔たり、カルチャー・ギャップそのものを名指したわけです。しかしキリスト教の伝統の中で言葉は大切なものです。「はじめに言葉ありき」ですから。宣教師は神の言葉を伝えるのが任務ですが、日本文化とのカルチャー・ギャップに気づくことにより、別の重大なことに気づきます。神の言葉は一つではなく、宣教師の所有物でも自由にできるものでもない。神の言葉を人間の口にのせるのは計り知れない深みのある神秘であるということに、日本人と接することで改めて宣教師自身が気づくことになります。

――神の言葉を考え直すことは、そもそも可能ですか。

A　不可能に近いと映るのは私たちのせいです。宣教師として日本人にキリスト教のヨーロッパ的形を押しつけている。福音の種を日本の文化風土の中に植えつけ、そこで発展させる代わりに、ヨーロッパで育ったキリスト教のありようをそのまま日本人に押しつけるから、神の言葉の考え直しが不可能に近くなるのです。

そのようなカルチャー・ギャップを乗り越えることが、かつて一度は行われました。福音がユダヤ文化からギリシャ・ローマ文化へ伝わった時、このような文化的隔たりを乗り越えた例があります。二千年たった今、私たちには二度目のカルチャー・ギャップを乗り越える時が迫っています。アジア、極東、アフリカの諸民族に福音を手渡す時、ヨーロッパでの形をそのまま押しつけるのではなく、その国の文化的土壌に福音の種を植えるだけでよい。神は多様な森を好まれ、単一文化をよしとはされない。桜もモミもカシの木もあらゆる植物があり、異なる時間に花が咲き、匂うような庭を好まれていると思います。多様性の中の一性は三位一体の神の中に原形を見出しています。一なる神は父と子と聖霊として一なる神なのです。私たちは真のカトリック教徒になる道を行く巡礼者です。ローマ・カトリック教会を愛し、その枝を全世界に伸ばしていく。多様性の中で見事に一つになる日を待ち望んで。

――福音の種を世話するのは日本人自身、中国人自身、アフリカ人自身というわけですね。

A　その通りです。私たちの役割は種を蒔き、水を遣り、私たちの経験を分かち合うこと。しかしその木を育てるのは彼ら自身です。

――横須賀で二年間日本語を学んだ後、次の二年は東京で働かれたのですね。首都の様子は地方とはだいぶ異なると思いますが。

A　東京の家屋は木造ですから完全に燃えてしまい鉄骨だけが残っていました。鉄道は燃え尽きた都市の中を蜃気楼のように走っていきます。横須賀の日本語学校から東京までは六十キロほどの距離でしょうか、切符の検札もしていましたが、私たちは最初の年は切符を買わずに無料で通り抜けができました。占領軍のいわゆる「顔パス」の影響でした。

――戦後の日本の暮らしで地方は食料を作れたでしょうが、東京のような大都会はどうなりましたか。

A　疎開していた家族は貧しいながら地方で食べていけたようです。一九五四年から五六年、東京で私がチューターを務めていた頃、都会はようやく活気づき始めましたが、それも市長、知事次第でした。例えば名古屋は、ここも灰になっていましたが、市長が新しい道路計画を描きます。百メートルの大通りです。今日名古屋にはプラハが羨むような交通網があります。一方、東京はあまりにも巨大だったため、都市計画を思いついた時にはもう遅かったのでしょう。至る所空き地があれば小屋を建て、家を建てている者がいました。今日でも東京にはブールヴァールといえるような大通りがありません。町を通り抜けできるように、高架高速道路を作らなければなりませんでした。

――では高架高速道路は都市計画の代用品なのですね。高速道路はちょうど網のように主要道路の上にあり、さらに地下鉄が交差している。東京の地下はまるでモグラの町のようです。一九五〇年代から年を追うごとに目覚ましい経済成長があったと言いますが、本当にそれほど急速なものだったのですか。

A　私が一度東京を去るのは一九五六年秋です。その五年後、ドイツから戻ると自分の目が信じられませんでした。町の変容ぶりといったら。出発前、地震対策で高い建物は建設できませんでしたが、戻ってくると高層ビルが至るところにありました。出発前は東京から横浜まで崩れそうな道路が敷かれていました。でも帰ってくると車がビュンビュン走るコンクリートの道でした。まったく別の都市のようでした。

――日本にいた四年間は、いわゆる経済的な奇跡がおぼろげながら始まろうとしていた時期なのですね。

A　そうです。私が日本を離れ、一気に花開いたのでしょう。

――そして向かわれたのは経済的奇跡が展開されていた、もう一つの敗戦国ドイツですね。

A　実はそのはずではなかったのです。東京ではその頃上智大学に新しいイエズス会の神学部が開校し、管区長は私をその第一期生に入れる計画を立てていました。しかしこれは例のお化け指導教授ミュラー神父の気に入らず、彼は管区長のところへ交渉に出かけます。

「このアルムブルスターは母国語がチェコ語です。チェコ語は日本では何の役にも立たない。彼を日本に留めないで下さい。ここでは英語も日本語も習得できません。ドイツに留学させてやって下さい。世界に通用する言語をせめて一つは習得できるように」と。

ミュラー神父は外国人が日本語を、文章を書くほど習得するのは不可能だと考えていました。管区長はこれを聞き入れ、私はフランクフルトへ向かうことになりました。

第二章　ヘブライ語の聖書とアドルノ――一九五九年――

――一九五六年秋、日本語学習と宣教師としての実務を終え、いったん日本から神学研究のためドイツ、フランクフルトへ向かわれますね。ドイツでの四年間はどのような時期になりましたか。

A　大変有益で気持ちのよい時でした。もちろん第二バチカン公会議以前ではありますが、非常に堅固な土台に立つ神学を四年間学びました。

――今ドイツの神学は急進的と言われますが、あの当時は違っていたのでしょうか。

A　ドイツ神学の歩みには独特なものがありますね。革新的な神学を広めたことで知られるカール・ラーナーは、私の留学時代はオーストリアの地方都市インスブルックにいましたから直接の薫陶を受けたことはありません。それでもフランクフルトの学生はラーナーのガリ版刷りの冊子を手に入れていました。私たちはラーナー流の教義神学を学び、これは心情的には受け入れ易いものでした。ただラーナーの文章は機知にとんだ面白い文章ではなく、淡々と学問として論じられ、しかもまわりくどいドイツ語を使っている。もっともそのことが私にとって不利になることはありませんでした。彼の文章はドイツ人でさえ最低二回読み返さねば理解できないことで有名でしたから。彼の兄のフーゴは「年金をもらうようになったら弟の本をドイツ語に翻訳する計画がある」と冗談を言っていたそうです。

――外国語はさらに何か新しい言語が加わりましたか。

A　ヘブライ語の授業がありました。二十人いた学生の多くが三十歳前後で、神学を学び実社会に生かそうという熱意には満ちていましたが、新しい言語を学ぶには年を取りすぎていました。学生同士で話し合い、試験にパスし神に仕える、という一大目標のためには全員協力するが、本気でヘブライ語を勉強することはしない、と満場一致で決定しました。

最初の授業で先生が持つ学生名簿の順番を把握し、それで授業を乗り切っていくことに。ヘブライ語の先生は几帳面な方で、必ず名簿順に一人一文ずつ当てます。ヘブライ語の文を音読させてから文法の説明をさせますが、回ってくる順番は分かっているので、自分の分だけ先輩に聞いたり、過去問を照らし合わせたりして予習しておけばよかったのです。皆お互いに協力して文がずれないように神経を使い、一学期中はうまくやっていきました。ところが二学期の初日にすべてがご破算になります。

――新しい先生が来たとか。

A　いいえ、来たのは新しい同級生でした。フランクフルトでは私たちの学んでいたイエズス会神学部と同じ敷地内に、リンブルフ教区の教区司祭を養成する神学校もありました。その神学校に留学していた日本人が、修士号を取ろうと考えましたが、そのためには大学組織であるイエズス会神学部に転校する必要がありました。そういう事情で彼が二学期に突然転校して来たのです。ヘブライ語の先生がいきなり彼を指名したものですから、残された私たち全員の予習した分が一文ずつずれてしまって、ひどい目にあいました。ヘブライ語の文字さえ読めない者がいたことが判明して、その時の先生の落胆ぶりといったらなかったです。一学期に私たちがやったことがみんなバレてしまうと先生は涙ながらに、自分の長い教師生活の中でもこんなひどいことはなかった、君たちは卒業できないだろう、と嘆いておられました。アメリカ合衆国から来ていたイエズス会士たちが、彼らは皆とても陽気な男ですが、授業の後、四階の建物の窓から身を乗り出して「パール・ハーバーの再来だ！　日本の奇襲だ！」と叫んでいたのを覚えています。

――ヘブライ語を怠けた分、やり直したのですか。

A　とんでもない。幸い教科書が終わり、原文のヘブライ語聖書の講読に移りました。ドイツ語聖書は皆持っているので、ヘブライ語の聖書と上手に合わせ、ヘブライ語が分かる印象を先生に与えました。

先生は心底から喜び、やればできるじゃないか、と私たちを励ましました。神学生根性をご存知ない、とてつもなく純粋な先生でした。

分かったまねをどのようにしたかというと、まず創世記第一章のヘブライ語の文章を、外国語の歌を覚えるように、音として暗唱できるよう丸暗記します。残った授業の時、これをオウム返しに使い、最後の試験も創世記第一章だったので、何とかなりました。私たちは丸暗記と演技で年末の試験を通ったわけです。試験で落ちたのはすべてが裏目に出る運の悪い二～三人で、そのうちの一人は、初心者には文字の上下が見分けにくいヘブライ語の聖書をさかさまに持って堂々と暗唱しているのに先生が気づき、即落第となりました。まあ、このようにして私たちはヘブライ語ができるという証明書を手に入れました。

——告解についても試験があったと思いますが、どのように行われましたか。

A　他の重要な科目と同様、数人の面接官の前で口頭試験が行われました。倫理神学では複数の先生方が座っている前で面接官の先生が模擬告解をし、若い司祭がどう対応するかを審査するのです。カタロニア人の友人は一生懸命勉強しているのに、試験になるとあがってしまい、的外れな受け答えをして何度も試験に落ちます。告解者役をしている先生から「神父様、女性にセクハラをしてしまいました」と言われ、「夏にですか、冬にですか」と答えて、即アウトになりました。あとでなぜそんなことを聞いたのか尋ねると、「もし冬なら女性も厚着をしているからそれほど問題ないが、夏は薄着なので……」

と言うのです。いろいろ考えるものだなあと感心しましたが、教授陣からすれば、「問題はそんなところやない、このどアホ！」というところだったのでしょう。

彼は結局スペインで試験に合格し、司祭に叙階されたそうです。ところがバルセロナのフットボールチームと一緒に新任司祭としてイギリスに行く途中、乗った飛行機がピレネー山脈にぶつかり、亡くなってしまいました。

——告解で赦しの秘跡を授ける時、良い司祭とはどういう司祭でしょうか。

A　原則と個々の具体的状況とのあいだには必ず開きがあります。論理的に飛躍があると言ってもよい。言葉でまとめられた原則は、ある程度までは機能しますが、告解にやってくる人々の個々の特殊事情を正しく聴くためには必ず最後に飛躍することになる。鍵になるのは判断力です。

そういえばイマヌエル・カントがそれについて『判断力批判』という本を書いていますね。カントは判断力を「生来の才智」と呼びました。こんな例を考えてみてはどうでしょう。医学部を卒業したばかりの医者は、目の前のベッドで苦しんでいる患者がチフスかどうか、という確定的根拠を教科書には求められない。一般的なチフスの症状は教科書に山ほど書かれているが、具体的な名前を持つこの患者がチフスだとは、どこにも書いてない。判断力に富む医者は一般的原則を具体的症状に適用し、正しい診断を下すが、それができない医者もいる。前者に診てもらえば患者は回復するが、後者だと死んでしまう。

――判断力に乏しい医者は職業を変えなければなりませんか。

A 大学で医学を教えるぐらいはできるのではないでしょうか。抽象的に問題に取り組むだけですから、原則から現実に飛躍しないでよく、講義室にいれば誰も死なずに済みます。この判断力は人が天賦の才として持つか持たないかで、これを学ぶことは不可能です。というのも、誰かがそうした才能を身に着けたいと思っても、そうしたいと考えるまさにその瞬間、すでに当人が持っていない判断力が必要となっているからです。

教会の倫理神学と個々の人間の具体的状況の間にはちょうど医学の場合と同じような、論理的につながらない飛躍がある。飛躍の仕方にこそ優れた聴罪司祭と下手な聴罪司祭の違いがあり、それはこの判断力の有無にかかっています。

――失礼な質問はお詫びしますが、その考え方でいくと、下手な司祭は結局神学部の教師になるわけですね。

A まあ、教室で学生に判断力とは何かを分からせようと思った時、先のような実例をあげました。私たちの言葉が決して具体的な事実を表すことができない。どうもがいても言葉と現実を結びつけるためには判断力しかない、ということです。

――カタロニアの同級生のように司祭叙階を延期されず、ご自身はフランクフルトで叙階されました。この司祭叙階についての思い出はありますか。

A　私が叙階されたのは一九五九年七月三一日の聖イグナチオの日で、中世にローマ皇帝の選挙があった、薄赤い砂岩造りのドームで行われました。フランクフルトに近いオッフェンバッハの町の修道女たちが、共産党政権に追放され母国チェコへ戻れない私のために、初ミサのお祝いを準備してくれました。お祝いにはローマからチェコのイエズス会士が、またミュンヘンのラジオ・フリー・ヨーロッパ（自由欧州放送）からはチェコ放送の担当者が駆けつけ、その席で皆で数十キロ東、鉄のカーテンの向こうで共産党から厳しい迫害を受けているチェコの同僚たちのことを思い出していました。

――フランクフルトの神学部を卒業して、あなたの学生時代が終わったのですね。

A　フランクフルト時代、本当の意味で私の一生のためになったのは、ゲーテ大学でマックス・ホルクハイマーとテオドール・アドルノの二教授の哲学演習に加わることができたことです。二人はいわゆるフランクフルト学派の創始者でした。この演習に参加したいきさつは、フランクフルトでかつて有名な哲学教授だった神父が隠居して余生を楽しんでおり、彼の弟子の元神学生がアドルノのゼミの助手を務めていて、その紹介で私も非公開ゼミ討論に参加することができたのです。集まっていたのは、ほぼ三十人。学生のほか、他学部の先生方、当時博士号をとったばかりのユルゲン・ハーバーマスなども参加していました。ホルクハイマーとアドルノは対照的な性格で、しかも互いに見事に補い合っていた。

「アウシュヴィッツ以後、詩を書くことは野蛮である」

という鋭い言葉を、アドルノは『プリズメン――文化批判と社会』に残していますね。詩作や哲学に象徴される文化の行き着いた先がアウシュヴィッツなら、その文化を生んだ理性がどうして野蛮と無関係だと言えるのか、と。哲学者は社会の中に立ち、過去、現在、未来から射し込む光の様々な色を捉えるプリズム（集光器かつ分光器）としての役割を果たしつつ語り、詩人は炭鉱のカナリアのように、社会と歴史に媒介された空気を呼吸しながら詩を歌う。言葉は人間存在の深い源泉から流れ出たものである一方で、言葉を使うことにより、哲学者も詩人も避けがたく理性の持つ野蛮さに染まることになります。ヒットラーの狂気と反ユダヤ感情だけであれほど多くの人々を実際にガス室に送ることはできません。ユダヤ人を絶滅収容所へ送る効率的なシステムを考案した中心人物でありながら、戦後の裁判で、自分は祖国の方針と世間の流れに従いユダヤ人問題を処理したスペシャリスト（専門家）にすぎないと弁解した、ナチスの高官アイヒマンの示すような、理性の野蛮さにより、大量殺戮は可能になったのです。そしてそういう文脈を顧みることなくアウシュヴィッツを特殊な例外として切り捨て、従来通りに詩を書き哲学を語るのなら、それは他者の痛みに無関心な、もう一つの野蛮となるのではないか。野蛮は文化から遠く離れた状態ではなく、文化と同じ根を持ち我々自身の足元に潜むということを、現代に生きる人間は常に自覚するべき、ということでしょうか。

当時のドイツは復興途上で、コンラート・アデナウアー首相が経済発展による希望あふれるヴィジョンをうたっており、様々なアプローチから社会を批判する二人の理論は、祝賀ムードに水を差すものだったようです。緻密な論理で組み立てられた卓越した社会批判でしたが、イエズス会の教授陣もこの理論を嫌っていました。二人は弁証法思想ですから、使う概念が変化していきます。これを教授陣は嫌い、「あの二人はつかみ所がない、水の中の魚のようだ」と言いました。しかし教皇ベネディクト十六世は近年の回勅『希望による救い』の中で、二人の思想をほめていましたね。

――当時ゼミで、ホルクハイマー、アドルノ、ハーバーマスなどが頭越しにやり取りする議論に、唖然として立ち会った感じだったのでしょうか。

A　いいえ、このゼミはただ傍聴するだけでは許されませんでした。彼らに言わせると哲学するという場は、物好きな人のギャラリー席はない。参加する者は自分でも積極的に寄与しなくてはならない、ということでした。私にとってどれだけ彼らの取り上げている問題に疎いかという自覚ができました。これは大変役に立った。私の今までグレゴリアン大学、フランクフルトの大学の研究で得た知識は、内実は言語的表現についてのものでした。本当に問題の核心をつかんで話すか、それともある同じ趣味を持つ集団で話し方の約束を守って議論を展開しているだけか。私の今までの研究には後者の場合も多少あった。本当の問題に触れるよりも、こういうふうに話すべきという言語的約束事をローマやフランクフルトで学んでいた面も。だから私にとってこのゼミへの参加は一生の刺激になったのです。

アドルノは私が叙階前で本当はまだ神父ではなかったのに「アルムブルスター神父」と呼んでくれ、

それなのに自分は旧約聖書に話が及ぶと答えに詰まって黙り込んでしまい、発言できないこともありました。修道院とゲーテ大学は町の反対側にあります。私は毎回ゼミ前、早めに修道院を出、歩いて一時間ほどかけて町を横切り、辛くて行きたくないが、一方で、やはり行きたい、という相反する自分の気持ちと折り合いをつけながらゼミに向かいました。それは厳しい体験でしたが、問題の核心を捉える思考へと、私の目を開かせた経験でした。これからは本当に相当頑張らねばならないことを、痛感しました。

――ゼミの雰囲気はどのようなものでしたか。

A 確かにアドルノとホルクハイマーという二人がいる場でしたが、リラックスした風通しの良いゼミでした。ホルクハイマーのほうが十歳以上年上という印象を受けました。実際には八歳違いだったのですが、アドルノの性格のせいか、それ以上年が離れて見えました。ホルクハイマーは彼がそこに居合わせるだけで気持ちのいい人。アドルノはまるで剃刀のようで、素手で触れば血が出るような、こちらの血を流さずに接触することはできない人。非常に優れた知性を持ちながら他方で人間味としては大きな子供のようで、人を傷つけることに気づかず、さらに傷つけることになりました。ホルクハイマーのおかげで雰囲気は穏やかでしたが、彼が欠席でアドルノだけの時は、とたんに皆、緊張しました。

真面目に研究を重ね、ゼミでまともな発表をしないと単位が取れず卒業できなくなる学生が発表した時、アドルノは不機嫌で学生の取り組み方が気に入らず、とことん彼を批判し、とうとう大の男が泣きだしました。また議論の中で場違いな発言を繰り返したマインツ大学の老教授に対しては、「何も分かっていない。出て行け。この場に二度と顔を出すな」と叩き出します。おまけにその日の帰りがけ、先に出たアドルノが急に戻ってきて、「あの老教授、下で待ってる。僕を殴るつもりかな」と言うのです。結局私たちの一人がボディーガードとしてついて行くことになりました。彼は敬愛するアルバン・ベルクを「幼稚なままでいることなく、しかも大人にならないことに成功した」と評していますが、彼自身もその通りの人でした。

日本では小林秀雄さんが編集者を、やはり舌鋒鋭く批判して泣かせたとか。ただ小林さんの場合は別の泣かせ方もお上手だったと聞きます。アメリカ兵に、お前のいるはずの場所はこんな遠い日本でなく故郷だよ、早く故郷にお帰り、と日本語で話すと、里心のついたアメリカ兵がおいおい泣いたというのですから、緩急自在というか、まあ名人芸ですね。

一方フランクフルトでは、その年ヘーゲル学会が開かれ、東ドイツからも参加がありました。アドルノは東ドイツから来たマルクス主義者たちにも例の剃刀のような調子で接し、参加者がごっそり学会を去る事件を起こします。ヘーゲル学会はその日、真っ二つに分裂し、東側からの参加者は彼ら独自のヘーゲル学会を作ることになりました。

――ところで留学中、日本語能力はどのように維持されていたのですか。

A　フランクフルトにはこの四年間、日本管区から六名が留学していました。夏休みには皆でスペインに行き、そこに留学中の日本人学生を講師として招き、夏期日本語学校を開きました。一方私たちが通っていた神学部はフランクフルトのイエズス会修道院にあり、修道院長はあちこちから来るイエズス会士のため、共同の夏休み計画を練っていました。

一年目、私たち日本管区だけは脱走してスペインへ日本語学習に行きましたが、二年目は許可が下りません。そこで私たちの一人が、当時ローマでイエズス会総長を務めていた元日本管区長、ペドロ・アルペ神父に手紙を出し、日本語能力維持のためのスペイン行きを訴えます。総長から許しが下り、めでたく二年目もスペイン行き決定です。しかしそれが最後でした。翌年フランクフルト訪問の際、アルペ神父は修道院長から日本管区に例外を作っては困ると不服を言われ、ただちに私たちを見捨てます。周囲から恨めしげに見られていた夏休みが終わりました。

――でもフランクフルトの神学部に留学中の教区の神学生の中に、日本人がいたでしょう。

A　私たちが教区の神学生と付き合うことは規則で禁じられていました。でも夜になるとこっそり会ってワインを空けたり、おつまみを食べていましたが。

――フランクフルトにチェコ人はほとんどいなかったと思いますが、スロヴァキアで秘かに司教になった人とフランクフルトで付き合ったそうですね。

Ａ　共産党政権から逃げてきた人です。彼はあるスロヴァキア司教が病気で入院したのを見舞いに訪ね、秘かに司教叙階をされました。しかしそのうち彼も秘密警察に捕われそうになり、イタリアへ逃げたそうです。最初ローマのグレゴリアン大学で神学の勉強を始めましたが、イタリア語が得意ではなかったのでフランクフルトに来て勉強していたのです。ちょっと変わった印象を受ける人でした。鉄のカーテンの向こうへ援助物資を送り込むなど、神学生らしくない行動を不思議に思いました。彼はローマの指示に従い、非常時の司教叙階を公にせず、一神学生として神学を勉強していたからです。司教としては職務を果たすため修道生活の清貧と従順の誓願は解かれており、援助物資の件も当然なのですが、周囲は彼が司教とは知らなかったので、不思議に思われたのです。

イエズス会では哲学、神学研究の終わりに哲学と神学全般にわたる口頭試験があり、大変厳しいものでした。私はその試験を無事にパスしましたが、その数か月は準備に集中したため、しばらくは教科書も見たくない気分でした。嫌な試験が終わった後、一休みとしてライン川のほとりの女子修道会で迎えられ、朝のミサをたてれば修道女たちに感謝され、後は好きにできる骨休めの期間がありました。三日ほどのんびりして戻ると、このスロヴァキアの司教が追いかけてきました。彼から口頭試験準備のための協力を頼まれ、本当のところ教科書はもう見たくなかったのですが、次の数週間、彼ともう一度最初から復習することになりました。

——神学部卒業後、さらに一年間ドイツに滞在されました。

A　このいわゆる第三修練期は最初の修練志願期と二年間の修練期に、もう一年上乗せされるという意味で、古くからイエズス会の伝統として、哲学・神学の勉強の後にこうした一年間の修行期間が置かれる習わしがありました。

あの年、第三修練期にミュンスターには二十人が集まっていました。半分がドイツ人で、残りはスペイン人、イギリス人、ハンガリー人、そしてチェコ人の私です。毎日修練長の講義があります。イエズス会の会則と歴史的発展、修道会のあり方をしっかり把握するための勉強が組まれていました。また同時にそれらに関連する一般教会法についてのゼミもありました。

――ミュンスターのゼミに、第二バチカン公会議の新しい構想は影響しましたか。

A　ピウス十二世が亡くなられ、新しく選出されたヨハネ二十三世が公会議を召集する日程を決めたことは分かっていましたが、まだ少し先で、波紋は届きませんでした。亡くなったピウス十二世は元ローマの貴族です。ヨハネ二十三世はカリスマの持ち主、その後を継いだパウロ六世はイタリアの都会っ子で、視野が広く先見の明をお持ちの大変知的に優れた方でした。だからこそご自分の洞察の限界もわきまえ、ご自分の意見についての疑問にも悩まれたようです。教皇の人となりはその就任期間に特殊な色合いをつけます。私がミュンスターの第三修練期を終えた一九六一年六月、第二バチカン公会議開催のちょうど一年前ですが、至る所で神学に関する活発な議論が交わされていました。

――ところでミュンスターでの修練期を終える頃には、日本に戻った時の具体的な計画も決まっていたのでしょうか。

A　日本の管区長が私に上智大学で哲学を教えるよう、決定していました。私としてはドイツでもう少し哲学の勉強を続けようと考えたこともありましたが、すぐ日本に戻ったのは今思えばよかったと思います。教壇に立つようになった東京の一年目、何の責任もなく学生の身分でうろうろするより、自分で学生を前に授業するほうが勉強になると気がつきました。

第三章　見取りを覚えなさい　――一九二八年――

――長い人生の道のりの中で、プラハ、ローマ、フランクフルトと行き来しながら、遙か極東、日本にまでたどりつかれました。しかし歩き始めた幼い頃あなたの目に映っていたのは、どこにも異国趣味などと感じられない、ここプラハの日々だったようですね。

A　母はプラハの生まれですが、母の父フランティシェク・ヴォジェニークはチェコ東部の町スドスラヴァで子沢山の家に生まれました。家は農家で、土地を受け継ぐ長男以外は技術を身につけなければなりません。祖父は若い頃に農具修理に役立つ鍛冶屋の仕事を覚えてプラハに出、ヴルタヴァ川西岸のスミーホフ地区にある鉄道車両の製造工場で職を見つけました。十九世紀後半のプラハの近代的発展を象徴する、リングホッファーの工場でした。鍛冶屋の見習いから叩き上げて一人前の鍛冶職人となり、さらにマイスターの資格を得、最終的には工場の一部門の長となります。私が物心つく頃にはすでに年金生活に入っており、灰色の口髭をたくわえ、小さな犬を一匹飼って暮らしていました。小柄で活動的な人で、よくいろいろな話をしてくれました。

――自分の腕に誇りを持つ職人の鑑ですね。

A 仕事は順調で都会の暮らしも性に合っていたようです。祖母は典型的なプラハの中産階級の暮らし方をしていました。それは祖父がプラハの市民権を得ることにより職人、労働者階級から中産階級になったことを示すかのようでした。ただこの祖母は私たち家族全員の実の祖母ではありません。最初の祖母マリエ・ヴォタヴォヴァーは祖父とプラハで結婚し、私の母とヤン叔父が生まれますが、早くに亡くなります。妻に先立たれた祖父はやがて子供を連れて再婚します。相手はクリスティーナ・ヴォタヴォヴァー、最初の妻の妹で、私たちの実感としては祖母にあたる人です。少々事情が込み入っていますが。祖父の二度目の結婚で女の子が二人生まれます。これが母の妹たち、エマ叔母とマーニャ叔母で、母が結婚してからもよく行き来しました。

父と母は結婚当時プラハ新市街の南、ヴルタヴァ川東岸のヌスレ地区に住んでおり、川に架かる鉄道鉄橋の側道を通り、西岸スミーホフ地区の叔母たちを訪ねていました。

――お母様は一番年長ですか。

A はい。他の兄弟姉妹が小さい頃にはよく面倒をみたようです。母にとっては継母が叔母にもあたるわけで、複雑な関係だったと思います。

——それは亡くなった前妻の妹と再婚するという、祖父母間の複雑な関係の現れだったのでしょうか。

A　まあ、祖父は常に変わらず一家の主人であるという夢を見ていましたが、実際面の主人は祖母でしたね。当時のことを思い出すと、スミーホフの古いアパートのリビングキッチンに座っている祖父の姿が目に浮かびます。中庭に面した窓際に祖父の席はありました。大きな楽椅子に座り、テーブルに向かってクロスワード専門誌のパズルを何冊も楽しそうに解いていました。いつ見てもパズルに夢中で、家のことは祖母に任せきり。でも土曜になると鉄橋の側道を通りヌスレの私たちのところへやって来て、家中の物という物を修理してくれました。

——手仕事がお好きだったのですね。

A　器用な人で何でもでき、ワイシャツを縫うこともできました。ですから母は一週間中、祖父に頼む仕事をあれこれと探していました。それがないと、「することがないなら、もうここには来ないよ！」と、祖父が不機嫌になるので。兄と二人で、祖父の前で下手な悪戯をしたことがあります。母の代わりに私たちを叱りながら、祖父は「もっとお目目を開けて、見取りを覚えなさい。人がどういう風にものを作るかよく見て、自分でも同じくらいうまく作れるように」と言いました。ちょうど祖父が鍛冶職人からマイスターになったように、悪戯に限らず、周囲を注意深く観察して学ぼうとする姿勢が大切ということでしょうか。

祖父がまだ若い頃、チェコを含む多民族からなるオーストリア独自性尊重ハンガリー二重帝国内で、言語をドイツ語に統一しようとする中央集権的流れがありました。それに対し、各民族それぞれの独自性の尊重を主張する流れもあり、祖父はその支持者でした。表立ってドイツ語への反対運動をすると逮捕されるため、丘の上に仲間と集まり、チェコ文化の独自性を示すデモンストレーションとしてチェコ語の歌を合唱し、警官が来る前に逃げる、ということを繰り返したそうです。

――プラハは十四世紀、ボヘミア王カレル一世が神聖ローマ皇帝カレル四世になると、カレル大学が創設され、聖ヴィート大聖堂やカレル橋、旧市街に隣接する新市街などが造られ、神聖ローマ帝国の首都として「黄金のプラハ」と呼ばれる繁栄を見ました。しかしヨーロッパの地形的十字路に位置したプラハは、交易地として様々な民族と文化の行き交う場となると共に、政治的宗教的抗争の場にもなります。十五世紀から十七世紀にかけて、チェコのフス派勢力による宗教改革と、それを異端とする十字軍。オーストリア・ハプスブルク家による苛烈な反宗教改革とチェコ系貴族や知識人の亡命。さらに政治的覇権の絡むヨーロッパ諸国の参戦など、幾多の抗争の中で、かつての黄金の輝きは失われていきましたが、リルケが「この破風と塔にみちた街……そこでは偉大な歴史が奥深くなお響きやむことがない」と述べた黄昏の美しさが残りました。

ハプスブルク家の支配下にあった十九世紀前半、産業革命と共にチェコ系の市民階級が台頭し、やがてチェコ文化復興運動から独立運動が起こります。お祖父様の合唱もそういうチェコ文化復興運動の流れの中にありますね。一九一八年、第一次世界大戦が終結するとオーストリア＝ハンガリー二重帝国が崩壊し、チェコ独立運動の指導者だったマサリクを初代大統領とする、チェコスロヴァキア第一共和国が成立しました。

A　ですからチェコの独立後、ハプスブルク家支配の過去を清算するという当時の時流に乗り、祖父の家族もカトリック教会からチェコスロヴァキア教会に移ることになりました。でも母はその頃すでに父と付き合っていました。父は母に向かい言います。「自分は日曜に教会には行かないけれど、カトリック教徒として生まれた。カトリック教徒のままで死にたい。もし結婚するなら、そのことは考えておいてほしい」。こうして祖父の家族の中で母だけがカトリック教会に留まりました。

――お父様のほうで交際に条件をつけたということですか。

A　条件をつけられる立場にはなかったと思いますよ。母と知り合ったのは第一次世界大戦前で、結婚の直前に父は入隊しなければなりませんでした。ギムナジウム（中高等学校）を卒業していたため士官として前線に向かいますが、サラエボのどこかで負傷してしまいます。やがて負傷から回復し、現地で指揮をとることになりました。私の生まれた家の壁には、その現地の部隊の写真がかかっていました。父はチェコ士官の軍服ですが、そこは多民族国家、部下の兵士たちは皆、バルカン半島の民族衣装風軍服にムスリム帽を被っていました。四年後、父は小さなヨゼフを腕に抱き母のもとに戻ります。当時は珍しくないことですが部隊がハンガリーに駐留中、現地の娘と子供ができ、オーストリア＝ハンガリー帝国の士官としては結婚せざるを得なかったようです。新妻はまもなく姿を消し、小さな男の子だけが手許に残った。母は戦争中ずっと父を待っていたのに。これでも自分と結婚してくれるか、父は母に尋ねました。母は承諾し、子供も一緒に育てましょうと言ったそうです。祖母は当然反対しましたが何もできませんでした。

――お母様の岩のように固い決意と愛を感じますね。異母の子は社会的に受け入れられなかったでしょうから。

A　戦争中にハンガリー人の女性と教会で結婚式まで挙げ、離婚歴がついていました。祖母は結婚式にも反対しましたが、祖父の機転で解決します。祖母がサーザヴァのペンションにいるあいだに、祖父が母とその婚約者である父を役所に連れて行き、結婚式を挙げたのです。祖母はこのことを帰ってから知り、プラハに戻るの戻らないの、一生の恥だなんだと大騒ぎになったそうですが、最終的には何とか丸く収まりました。

――教会で結婚はできなかったのですね。

Ａ　はい。カトリックの信者としては杓子定規にあてはめれば、この一件でうちの家族は罪を背負ってしまったことになります。このため教会で秘跡にあずかることが許されなくなり、日曜日に教会に通うこともなくなりました。子供だった私たちだけは通っていましたが、両親は行きませんから信仰に厚い家族とはいえませんね。

――家族の中の誰も信仰のお手本になる人はいなかった。

Ａ　私自身はたまには教会を訪れることもありました。聖ヴァーツラフを祀るヌスレの小教区に住んでおり、近くにある教会は女子修道会が作った女学校の聖堂だけでした。十九世紀末にプラハが発展した際、教会指導部は首都の発展を見誤ったのでしょう。市内には角ごとに教会が建っているのに、中心部をはずれると急に教会の数が少なくなる。ヌスレの信者たちは女学校の小さな聖堂に入りきれず、聖堂の外に立ちつくしていました。

――幼い頃の初めての思い出などについてはいかがでしょうか。

Ａ　幼い頃の、とぼけた微笑ましい思い出のかけらのようなものはあります。例えば夏、家族と避暑に行きクシボクラート城の近くを散策した時、小さな青い杖を持っていたこと。それからヌスレのアパートのトイレで「今日は五歳だ。覚えておこう」と一人呟いたことも。幼い日々は心地よいものでした。

家族は私を愛してくれ、母はボヘミアの母らしい優しい人でした。

――教会の思い出はありますか。

A　小学校低学年の七～八歳頃、初聖体の時のことでしょうか。これは母親たちが楽しむお祭りでした。当時子供たちは初聖体の日、前日の真夜中から食事をとることを許されていませんでした。朝、母は私によそ行きの服を着せて教会に連れて行き、保温瓶に入れたコーヒーも持参し、初聖体の後すぐ、教会の外に出て朝食をくれました。聖体行列も行われました。礼拝堂の前に三角形の広場があり、そこに四つの祭壇が作られます。行列は最初の祭壇で聖体降福式を行い、歌を歌い、十字を切り、次の祭壇に向かいます。小さな女の子たちが行列の先頭に立ち、籠に入れた花びらを撒きながら進むのです。

――ここでは宗教は、どちらかというと伝統的行事にすぎなかったのでしょうか。

A　そうだったと思います。ただ小学校を卒業する頃、地方出身で私たちのところに下宿し、大学の経済学部に通っていた学生がいました。彼は本当に篤い信仰をもったプロテスタントの信者でした。彼と過ごした数年、私は初めて信仰を本気で語る人に接したのです。

――お祖父様、お祖母様にとって、宗教はあまり関係のないものだったと。

Ａ　どこのチェコスロヴァキア教会に通ったかは知りませんでした。まったく話題にならなかったのです。というのは当時のプラハはいわゆるポストキリスト教の社会でした。人が何かを信仰するという気持ちを踏みにじったあの共産主義は、まだなかったのですが。

――工場のあるプラハの地区は社会主義的な雰囲気が台頭していたかもしれませんね。

Ａ　私が生まれたのは一九二八年で、チェコスロヴァキア第一共和国としての独立から十年しかたっていません。しかしかつて君臨したオーストリア＝ハンガリー二重帝国は、すでに平凡な事実というか、大昔の恐竜の化石のように感じられました。

母の妹の中で一番長く九四歳まで生きたマーニャ叔母さんに言われたことがあります。「本当にねえ、私は何て様々な体制をくぐって来なければならなかったんだろう。オーストリア＝ハンガリー二重帝国、第一次世界大戦、チェコスロヴァキア第一共和国と第二共和国、第二次世界大戦、ナチスドイツによるチェコスロヴァキアの保護領化、再びチェコスロヴァキア第三共和国、共産主義の時代……、以前なら五百年くらいかかりそうな変化が、一人の人間の一生の間にあったのねえ」と。めまぐるしい社会の変化は宗教心の喪失と無関係ではないでしょう。共産主義による弾圧以前に、敏感な生き生きとした宗教心がなくなっていたとすれば、根の深い問題です。

先ほどの母の妹マーニャ叔母さんは、定年までチェコの有名な小学校の教師をしていました。非常に美人で、婚約者候補がずっと二人いました。一人は私たち男の子の憧れのスポーツカー、アエロ30を颯爽と乗り回す銀行員、もう一人は代々教育者の家系の、真面目で誠実な教員です。

――ずっと二人ともライバルとして続いたのですか。

Ａ　マーニャ叔母は両親と同居していましたから、二人が鉢合わせしないよう上手に交通整理をしていたようです。当時のチェコでは女性は結婚すると教師を辞めなければなりません。叔母は辞めたくなかったので、結局定年退職後にそのうちの一人と結婚することを決めました。その時の叔母の言い草は、もしエラーベクをふったら本当に明日にでも自殺するかもしれない。ものすごく一途な人だから。でも、もう一人のほうは、私にふられてエラーベクと結婚されても、びくともしない。だからエラーベクと結婚することにした、と。

――で、エラーベクというのはスポーツカーのほうですか。

Ａ　いいえ、それが、車を持っていないほうなのです。兄と私は憧れのスポーツカー側に内心というか、しっかり片足をかけて応援していたのですが。

――マーニャさんは定年後の結婚では、お子さんはなかったでしょうね。

Ａ　そうですね。でも母の弟、ヤン叔父には第二次大戦前の二度の結婚で二人の息子がいました。最初の結婚で生まれたザーミシュは医学部を出、一九四八年、チェコ共産党が政権をとるとすぐにアメリカに移住します。叔父が次に結婚したのはチェコで初めて判事になった女性の一人で、教養があり、無神論者と称していました。ホンザと呼ばれる息子が生まれエンジニアになりましたが、一九六八年のチェコの民主化「プラハの春」に対する弾圧後、やはりアメリカへ渡りました。母親の違う二人の兄弟はアメリカで再会し、行き来したようです。

ヤン叔父自身は防衛大学を出て、第二次大戦末期にはナチスドイツに占領されたプラハを開放するレジスタンス蜂起に武器を提供していました。しかしソ連の軍隊が入り、プラハを開放したのは自分たちだと主張するため、ソ連秘密警察に叔父や蜂起の指導者たちを逮捕させ、投獄しました。獄中でチフスで死んだと、通知がきたそうです。

――お父様、アルムブルスターさん側の御親族はどのようになっておられますか。

Ａ　父の親族の思い出は、もやもやして、あまりはっきりしません。オーストリア人の祖父ヨゼフ・アルムブルスターはオーストリア＝ハンガリー二重帝国時代に鉄道でこの地方に移ってくると、チェコ東部のヤブロネー・ナッド・オルリーチーに落ち着きました。

――またもやチェコ東部ですね。

A　そこで鉄道に勤めたそうです。やがてチェコ人のミス・シュレスィンゲロヴァーと結婚します。チェコ語を覚えたのが奥さんからだったので、祖父のチェコ語を聞いているとおかしくて。習ったそのまんま、女言葉のチェコ語を話すのです。周りを楽しくする、愉快な人でしたよ。

――オーストリア人のお祖父様はウィーンっ子でしたか。

A　ウィーン生まれではなく、オーストリアのゲットシュドルフの市民権を持っていました。私は一九五〇年、チェコ共産党政権のキリスト教修道者弾圧によりチェコから追放されました。オーストリアのパスポートを持ってはいたものの、オーストリア国籍取得のためには、自分の市民権を書類で証明する必要がありました。ヨーロッパでは国籍は市民権に基づいて交付されますから。追放後、祖父が市民権を持つゲットシュドルフという小さな村を訪れると、村長さんが、「ああ、そういえばアルムブルスターとかいう人たちが住んでいたって、聞いたことがあるなあ」と言い、市民権の書類にあっさり判を押してくれました。

――ただ名前だけを頼りに？

A　修道者として司祭服を着ていたのが功を奏したのだと思います。純朴な感じの村長さんで、イエズス会士を信頼できると思ってくれたのでしょう。祖父はオーストリアの家族については一度も語ったことがありません。おそらく何か摩擦があって別れたのでしょう。

一九七〇年代、私は学会の関係でドイツのライン川沿いの町オフェンブルクに行った際、姪を訪ねるため電話帳を調べました。するとそこの電話帳には、十数ページにわたりアルムブルスター姓が並んでいたのです。もしかすると、その辺りがアルムブルスター家の出身地だったのかもしれません。

――アルムブルスターという名前はどのような意味でしょうか。

A　ギリシャ語、ラテン語の混合した歴史ある深窓の、というか意味深長な名前ですよ。ラテン語で石弓 arcuballista の意味です。古フランス語からドイツに渡り Armbrust の語が造られました。ですからアルムブルスター Armbruster という名前は、石弓を作る人あるいは石弓で戦う兵士の意味です。日本では私の名前は短縮され、ブルスターさん、アルムさんと呼ばれることもあります。

――オーストリアのお祖父様には何人のお子さんがいらしたのですか。

A　八人です。次々と女の子が生まれましたが、三人は幼時に亡くなり、成人したのは上からフィロメナ、アントニー、エリシュカ、アンナの四人の姉たちです。八番目に生まれた末っ子の男の子が私の父で、祖父と同じヨゼフの名前をもらいました。

――四人の伯母様方とは行き来がありましたか。

A　私たちがミーナさんと呼んでいた、一番年長のフィロメナ伯母さんは、プラハでエンジニアをしていたユダヤ人男性・レオポルドさんと結婚しました。裕福な家庭で、家に寝室は少なくとも五つはありましたが子供はできませんでした。フィロメナ伯母さんにはこの後だいぶお世話になります。

私の父は第一次大戦後、友人とプラハのある製本会社に共同出資しました。やがて大恐慌が起こり企業が次々と倒産します。一九三〇年代初頭、製本会社が倒産した際、共同出資した同僚たちはいろいろな防護策を準備していたようですが、父は製本が専門分野でなかったせいか準備をせず、まともに損をかぶったようです。チェコ国籍がなかったため国からの失業保険も下りず、我が家の家計は火の車に陥ります。救世主になったのが、まさにこのフィロメナ伯母さんです。父は伯母さんのもとに足繁く通い、いろいろと手伝いをしました。

一九三〇年代を通して酷い状態は続き、母はやりくりにいつも苦労していました。小学校一年生の時だったと思います。学校で時刻の読み方を学ぶことになり、紙で作った時計を持ってくるように言われました。学校に行く途中にハンガリー人のコメルシさんの文房具屋があり、教材用の紙の時計盤を一コルナで販売していました。父は厚紙でお手製の時計を作ってくれましたが、そのことで私の抑えていた感情が噴き出してしまったのです。友だちが持っているのと同じ時計が欲しかった。数字が印字された文字盤で、手で書いたものでない既製品が。手作りの時計を持って学校に行くのは嫌でした。朝早く私はぐずります。母はがま口をはたいて言いました。「ほら、買いなさい、これが最後の一コルナよ！」。私はわっと泣き出し、何も買えなかった……。それでも小学校時代は楽しかったです。やがて家に自慢の通知表を持って帰るようになりました。

――男の子の友だちとはどんな遊びをしていたのでしょう。

A 小学校の同級生からボーイスカウトに誘われ、私は思い切って入会しました。チェコスロヴァキア第三十三師団です。パンクラーツのソコル体育館の裏に部屋があり、ほぼ毎週遠足をしていました。南北に伸びる路面電車、路線十四番の終点、コビリシかカチェロフからさらに北か南へ遠征します。先輩たちはトランペットを吹き、私たちは大声で歌をうたいながら行進します。師団ごとに特別な掛け声があり、うちの師団の掛け声は「ジュンガ、トゥンガ、フリラーリ、リキターリ、レフハカレイ、第三十三師団進め！」というものでした。私たちは誇りを持って歩き、ボーイスカウトに加わらない子供たちを見下して「パニョール（半人前）」と呼んでいました。

――でも幼いころのあの青い杖は、もう持っていなかったのですね。
ところで、師団でのニックネームはありましたか。

Ａ　もちろんです。私は子供が罹り得る病気はすべて経験し卒業したことを誇らしげに吹聴していました。ニックネームはこのことに関係します。私は青白い顔で痩せていました。高熱で幻覚が見えたこともあります。その時は多分ジフテリアだったと思います。アンチャ伯母さんは金のペンダントを買ってくれました。天使の形をしていて、私はそれをいつも首にかけていました。かかりつけの医師から、本当は隔離入院するべきだが、まあ、離れた部屋で安静にしているなら、と言われ、母は私の寝ている部屋に出入りする時、いつも着替えていました。

母の看護か天使のおかげか分かりませんが、やがてジフテリアは治り、お次が猩紅熱です。一年生に上がって二日目のことです。母に連れられ路面電車に乗ってカレル広場の小児科専門病院に行きました。ドイツ人の子供のための病院で、アパートから近かったのです。路面電車に乗る時にはなかった発疹が降りる頃にはみるみる広がり、病院に着くとそのまま六週間隔離病棟に入院となりました。当然外出禁止です。五階の窓から中庭が見え、祖父や家族がそこまで来て手を振ってくれました。小さい頃は時間がゆっくり流れますね。隔離病棟では他の子供と一緒だったので退屈はしませんでしたが、やはり悲しかったです。

――それで、結局どういうニックネームだったのですか。

Ａ　病み上がりの青白い顔をしていたので、「コレラ菌」です。

——なるほど。子供らしい、「遠慮深い」呼び名ですね。

A 他方では結構活発で、ボーイスカウトでは後輩の子供たちの指揮をとっていました。しばらくしてボーイスカウトの師団長に若くてスマートな男性が着任します。最初のキャンプの時、彼は病院の時よりましなニックネームをくれ、私は「バルー」と呼ばれることになりました。

——ジャングルブックに出てくる優しい熊さんの名前ですね。

A なぜ師団長がそういう名前を選んだか分からなかったのですが、私は満足でした。

——御兄弟は三人とうかがいましたが、どんな兄弟でしたか。

A 長男のヨゼフ兄さんは父が第一次世界大戦中、戦地で最初に結婚した女性とのあいだに生まれました。母が次男のイェンダ兄さんや私と一緒に育てましたが、年齢が離れていたため、ヨゼフ兄さんについての思い出はごくわずかです。イェンダ兄さんと私が大きくなる頃には、もう家にいませんでしたから。ヨゼフ兄さんが結婚する時に久しぶりに会いました。兄の娘の乳母車を押しましたよ。

母は一八九二年生まれで、第一次世界大戦後に結婚しました。イェンダ兄さんが生まれたのは一九二四年です。母は三十二歳ですから第一子を産むにはリスクがあったことでしょう。無事に生まれ、私もその四年後に生まれます。四年というのは子供にとっては大きな違いです。喧嘩をするといつも負けます。お客さんが来た夜、大人たちがトランプをしたりお喋りをしているあいだ、私たちはベッドの中で枕で戦っています。母が静かにさせようとしてもどうにもなりません。父がドアを開け、凄味のある声で言います。

「いいから待ってろ。お客が帰ったら、『清算』しようじゃないか」。

実際お客が帰ると、父はしっかり私たちのお尻を叩いて「清算」しました。年齢で分けたので、イェンダ兄さんが多くもらうことになりましたが、そのあと兄さんはもらいすぎた分を、きっちり均等になるまで私に返します。出先でもよくいじめられましたが、帰りには私が両親に告げ口しないよう、なだめるのです。実際には互いに気が合っていました。

――幼児は少年に、少年は青年になりますが、はたして四歳上の兄としては辛抱強く弟の面倒を見たのでしょうか。

A　四歳違うとやはりそれぞれに違う興味があり、それほどではなかったと思います。イェンダ兄さんは手先が器用で、魚の飼育なども上手にしていましたが、学業成績はよくありませんでした。ギムナジウムに通いましたが、二年生の時に落第して中学校に戻り、義務教育終了後、電気工学を勉強しました。私だけいつも学校の先生に褒められてよい成績を取り続けていたのが気に入らず、二人はよそよそしくなってしまいました。両親は兄に私の通知表を陰で見せていたようです。兄は実務に向いていたのです。

――お父様とお母様の教育方針はどのようなものでしたか。

A　母は優しい人でしたが、悪戯をする私たちをよく叱りました。イェンダ兄さんの悪戯に私も加担するので、母はもう面倒が見切れません。家の大きなタンスの上に、お尻を叩く細い葦の棒が少し見えるように立てかけてありました。それは私たちのお小遣いから用意されることになっていて、古くなると新しいものを買いに行かなければなりません。渋々店に行き、凧を作るのに葦の棒が欲しいと言うと、店の人は笑って、どういうタコに使うかよく分かるよ、空の凧でなく、家で悪戯ばかりする蛸だろ、と言うのです。

やがて家計が苦しくなり、アパートに下宿人を受け入れることになりました。アルベルトフの経済大学に通う大学生たちです。すぐに家族とも仲良くなり、彼らの存在が家を落ち着かせました。家で喧嘩する時間も場所もなくなってしまいましたから。

――イェンダ兄さんはその後どうなさいましたか。

A　兄は結婚して娘二人と戦後のオーストリアに住みました。アメリカの占領軍の電気関係の技師としてしばらく働きましたが、魚を飼うのが好きだったことを思い出し、ウィーンで熱帯魚のペットショップを開きました。幼い頃の趣味を職業にしたのです。銀行やホテルに水槽を置き、中の魚を世話して収入を得ていました。

血筋なのか分かりませんが兄も肺が弱く喘息でした。仕事の関係で喘息が進みましたが、休暇で訪れた南アフリカの気候が体に合い、家族での移住を本気で考えたようです。アパルトヘイトで白人が優遇されていた時代です。こんなことがいつまでも続きはしないし、そのうち黒人が力を持つようになると兄に言いましたが、信じてもらえませんでした。移住計画が実現する前、兄は五十七歳で生涯を閉じました。

――先ほど、お父様の一番年長のお姉様、フィロメナ伯母さんの御主人はユダヤ人だったとおっしゃいましたね。ナチス占領下ではかなり危険な状況だったのでは。

A　チェコがナチスに保護領化されたこの時期、ユダヤ人が次々とどこかへ消えていきます。別のところに集めて共同生活をさせるという話でしたが、実際は殺していたのですね。ユダヤ人のうち、非ユダヤ人と結婚した者は一番最後に回されたようです。例えば、ドイツ人の哲学者カール・ヤスパースは、ユダヤ人女性と結婚したことで大学を追われました。強制収容所に移送される直前にアメリカの解放軍がやって来たということです。フィロメナ伯母さんとユダヤ人の御主人レオポルド伯父さんも、同じような危うい境遇でした。

――ドイツによる迫害状況の中で、レオポルドさんは生活費をどう工面なさったのでしょうか。

A　謎ですね。少しは財産があったようで、ナチスに没収されるのも時間の問題だったのかもしれませんが、詳しくは分かりません。

　戦争当時、ナチスがユダヤ人を国を挙げて組織的に殺しているとは知らなかったと言う人もいます。信頼するオーストリアの友人たちも、そう話しています。地域により事情は違うのでしょうが、そのことで私の記憶に残っているのは戦争中に通っていた薬局での出来事です。うちの母が石鹸を買ったのですが、それがあまりに軽くて文句を言うと、店主は「アルムブルスターさん、まだましです。二か月もすれば、（母の手の平をふっと吹いて）これが石鹸です、となる。それに……ほら……石鹸が何からできているか御存じでしょう。ユダヤ人からですよ」と言ったのです。

　ナチスが組織的にユダヤ人を抹殺しているという漏れ出た噂が、チェコの人々の間には流れていました。

――フィロメナさん以外の伯母様方については。

A　トンチと呼ばれたアントニー伯母さんは時代の変わり目にドイツ人と結婚し、第三帝国に引っ越しました。奇遇なことに、ナチス党員と結ばれた伯母がいる一方、フィロメナ伯母さんはユダヤ人と結婚しています。それから、エルサと呼ばれたエリシュカ伯母さん、アンチャと呼ばれたアンナ伯母さんがいます。二人ともチェコ東部の町フラデッツ・クラーロヴェーのクルムパロヴァ通りに住んでいたので、学校の休みにちょくちょく訪ねました。エルサ伯母さんには娘が二人いましたが、アンチャ伯母さんには子供がなく、私のことを可愛がり息子を見るような目で見てくれました。夏中伯母のところにいましたが、私の家族にとっては誰かが少しの間でも私たちを預かってくれるなら骨休めになったでしょう。

――可愛がってくれる人は大勢いたようですね。

A　スミーホフに住む祖母に連れられ、夏の間、部屋を借りて避暑地のペンションに行くこともありました。しかし何といっても可愛がられたところはフラデッツ・クラーロヴェーです。私のことを思ってアンチャ伯母が言ってくれた言葉が忘れられません。「道に迷うことがあるといけないから、覚えておくんだよ。あなたの家はね、クルムパロヴァ五七三番地ですよ」。一度も使ったことはありませんが、今でもよく覚えています。フラデッツ・クラーロヴェーは、ラベ川とオルリツェ川が合流する美しく住みやすい町です。アンチャ伯母さんは私を養子にすることも考えていたようです。

――そこまで考えていたのですか。

A　母に向かって「あなたたちはまだ子供ができるけど、私たちにはできないわ。あの子を養子に迎えたいわ」と訴えていました。夫妻は戦争を生き抜くと一九四五年に東ドイツに行き、その後はドレスデンで暮らしました。

――フラデッツはプラハと並ぶ故郷になりますね。

A　それでも私はプラハっ子です。もう親戚はいませんが、今でもプラハは居心地のよい場所です。ただ共産党の時代、何度かオーストリアのパスポートでプラハに入ったことがあります。親戚知人が各地に散ってしまい、知り合いが誰一人いないということがありました。その時はプラハの町が別の顔に見えました。町をどう捉えるかということには、知り合いがどれぐらいいるかがとても重要だと肌で感じました。

――お父様にはチェコ国籍がなかったとおっしゃいましたが、父方の祖父アルムブルスターさんはチェコ国籍を得られなかったのですか。

A　一九一八年、第一次世界大戦が終わり、父方の祖父の母国オーストリア＝ハンガリー二重帝国が崩壊し、チェコスロヴァキア第一共和国が成立した時点で、すぐ役所に申請に行くべきでした。定住所を登録すればチェコ国籍がもらえたはずです。住居はあったのに、祖父は役所には行かないと言って聞きませんでした。オーストリアにこだわりがあったというわけでもなく、煩雑な事務的手続きが面倒で、そうしたことが嫌いだったのです。

ナチスドイツのオーストリア併合が起こって初めて、自分たちがチェコ人ではないと知りました。突然我が家はパニックです。どうしよう、と。私たち全員がオーストリア人でした。チェコがオーストリアから独立した時は誰も気にも留めなかったけれど、オーストリアがナチスドイツに併合される段になって、父は役所に申請に行きチェコ国籍を得ようとしました。普通に申請すればドイツ国籍が与えられます。しかし父は何とかそれだけは避けたいと考え、チェコスロヴァキア国籍の取得を申請したのです。申請用紙を提出して数か月後、先にプラハの市民権を得る必要があると言われました。言われた通り申請すると、また数か月後、こんどは先にチェコスロヴァキアの国籍を得るようにと言われます。

結局、チェコスロヴァキア国籍を取得できた場合にはプラハの市民権を得られるという確約書を、プラハ市に申請するのが第一歩だということになりました。ですから国籍取得時のプラハ市民権の発行確約の申請をプラハ市に出し、書類に父はヤブロニー・ナッド・オルリーチー生まれ、母と他の家族はプラハ生まれと記入したのですが、国籍取得前にチェコスロヴァキア共和国が消滅し、申請無効を伝える文書が届きました。

その後、チェコがナチスドイツの保護領となった時代、今度は保護領域としてのチェコ国籍を申請しましたが、混乱の中、役所は機能せず、終戦まで返事がなかったことは言うまでもありません。

——お父様はオーストリア国籍ですから戦線に招集されていたかもしれませんね。

A　書類は全部隠して国籍を持っていないと主張していました。私たちはそれまで相当長いことヌスレに住んでいたため周りに受け入れられていて、食料品の公的な配給券までもらっていました。

――チェコ人としてですか。

Ａ　ええ。毎年九月一日だけ、私が中高等学校の校長先生のところに呼ばれ、形式的に繰り返される会話がありました。「アルムブルスターくん、ドイツ人ではありませんね」。「はい。違います」。「君がもしドイツ人だったら、私が罰せられますからね。ドイツ人の子供はチェコの学校に入れませんから。アルムブルスターくんは、どういう身分なのかな」。「何者でもないんですよ」。こうして国籍なしでやり過ごしていました。

――身分証明は一切お持ちでなかったと。

Ａ　まったく何も持っていませんでした。一九四二年、ナチスドイツのボヘミア保護領統治者ハイドリッヒがイギリスと在英チェコスロヴァキア亡命政府派遣部隊により暗殺されると、ナチスによるチェコスロヴァキアへの報復が起こり、毎日、何十人も銃殺された一般市民の名前が新聞に載っていました。身分証明がないことが銃殺理由ですから、父は路上でも電車の中でも人が集まる場所をなるべく避けるようにしていました。

――お父様のお仕事のほうは。

Ａ　ちょっとした仕事はありました。例のユダヤ人の伯父を介してです。戦時下で映画フィルムのレンタルの仕事をしました。事務所はヴァーツラフ広場の目の前にあり、取締官がうようよいる場所です。仕事をするために許可書が必要で、季節ごとに更新せねばならず、警察署の列に並んでは写真、名前、日付、署名、三か月有効であることが書かれているぺらぺらの紙を持って戻ってきました。これは戦争が終わるまで続きました。

――戦後、こんどは逆にドイツ人でないことを証明する必要はなかったのですか。

Ａ　はい。皆私たちのことを知っていましたから。

――でもチェコ国籍を持っていないことまでは、知らなかったのですね。

Ａ　そのことを一度も周りに言ったことはありません。私はカレル広場近くの産院で生まれました。聖アポリナリオ教会の洗礼証明書があり、当時は国がそれを出生証明書と認めていました。皆は驚きますが、今日までその洗礼証明書が自分の存在を証明できる唯一の書類です。

――司祭の職に就く者としてはむしろ好ましい話ですね。

A　後年、プラハのカレル大学神学部で教えることになった時、役所の出生届の番号が必要になりました。当然持っていません。何しろずっとごまかしていましたから。急いで申請すると、役所は出生届の番号を発行してくれ、おまけにそこには所持していないはずのチェコ共和国の国籍まで、持っていると書いてあったのです。あえてそのことには触れずに今に至ります。触らぬ神に祟りなしですよ。役所に行きたくないと言っていた祖父と私は、どうやら同じ血を引いているようです。

第四章　見渡す限り虚無だけが
――一九三八年――

――プラハでの子供時代、よく病気にかかったとおっしゃいましたが、死の不安に怯えることもありましたか。

A　就学前の年端もいかない子供で、死が近づいてもそれが現実としてどういうものか理解していませんでした。暗い穴に落ち、何もなくなってしまうことを想像して怯えていました。

――私も子供時代、似たことを考えましたね。

A　カール・ヤスパースは「人生を意識し始めたばかりの子供には、大人では到達できないような哲学的な考えがある」と述べています。暗い穴に落ちてしまう想像は苦痛で仕方ないものでした。家族に聞いても取り合ってくれず、とうとう母に例のドイツ人の子供のための病院に連れて行かれました。精神的な病気ではないかと疑われたのです。ドイツ人なのに非の打ち所のないチェコ語を話す精神科医のところに三十分ぐらい居たと思います。診察室に溢れかえる玩具で私が遊んでいる様子を、女医は注意深く観察していましたが、正常と判断したようです。死への不安はとても強く、十四歳くらいまで続きました。

――その恐怖は、もう一度戻ってくることはなかったのですか。

A ええ、でも幼い私を締めつけた思い出だけは残っています。死ねば何も残らない。何も、ない。永遠の生命は思いもつかない。見渡す限り虚無だけがある……。

――哲学者としては、かえってよい始まりでは。

A 個人的体験でしたが、これはラテン語でコンティンゲンツィアといわれる体験で、コンティンゲンツィアとは非必然性のことです。必然性はAの事態からBの事態への経過の必然性というように、関係性を語る場合には有意義ですが、A自体、B自体は必然性に基づかない事実であり、その存在の必然性を語る術はありません。私たち自身の存在についても同様です。私たちが今あるこのような人間として生きている意味を問う時、私たちが必ずしも存在しなくても世の中は変わりなく動いていく。私たちはどこまでも虚しい存在なのだろうか、ということがコンティンゲンツィアの根にあります。

——そうした話題をご家族と率直に話すことができましたか。

Ａ　母とだけは多分話しました。母が何と答えたかは覚えていません。でも答えがないのは明らかですね。暗い穴に落ちたら独りで穴の底にいなければならない。話す人もいない……。最近の練成会で、この想像を信者に話しましたが、あまり反応がありませんでした。

——似たような経験がない人には分からないことでしょうね。

Ａ　十歳の私は同じ路面電車に乗っている老人を見て、この人はまもなく死を迎えるだろうに、どうしてこう穏やかな様子でいられるのだろうと不思議で、自分に死が近づいたらどう生きていけばよいのだろうと自問していました。

——答えは見つかりましたか。

Ａ　結局どのような説明も役に立たないのでしょう。この不安の前ではあらゆる説明が徒労です。この惑星がなくなればあらゆる文化も芸術も美も善悪も消えてなくなります。もしかすると仏教の人生観の根には、似たものがあるかもしれません。

ただ仏教の場合、いかにして人は煩悩の苦しみから救われるかというのが根本的アプローチとなるのに対し、キリスト教は、そもそも真理とは何か、というのが根本的アプローチとなります。仏教は寛容な宗教です。誰かに教義を押しつけることはしません。選ぶのはあなただよ、といつも言います。西洋では今言ったような異国の精神性を羨ましいと思う人も多くいます。断固として主張するのではなく、ただ提案するというあり方に魅かれるのでしょう。無論、仏教には異なる面もあります。良いカトリック教徒になるよりも、良い仏教徒になる方が簡単だというのではありません。

――はたして私たちは東洋に何かを押しつけることなく、東洋から学ぶことができるのでしょうか。

A　東洋の大陸の果てまで寛容さを学びに行かなくても、パレスチナでも、イエス・キリストは誰かに押しつけることはしなかったと思いますよ。

――では私たちが取り違えていると。

A　ヨーロッパはギリシャに根をおろしています。数学や物理学を生んだギリシャ的な真理探究の思想、意気込みがキリスト教を色づけ、キリスト教に真理願望のこのような不思議な花を咲かせたのでしょう。真理とは本来、不寛容なものです。

――それでは、日本のキリスト教はヨーロッパのキリスト教と何か違いがありますか。

A　その質問は年上の友人、日本人哲学者の下村寅太郎から何度も尋ねられたことがあります。彼は神道、仏教、禅宗、アッシジのフランチェスコなどいろいろな宗教を調べ、答えを知りたがっていました。キリスト教徒でヨーロッパ人である私が、日本のキリスト教徒に違いを感じるか否か。彼は、日本人はヨーロッパ人同様にキリスト教を信仰することが決してできないと見ていました。

キリスト教の日本での宣教活動は十六世紀に遡ります。突然の中断を経て、信教の自由が公に認められたのは第二次世界大戦後のことです。軍部が権力を手にして戦争の準備をしていた時はキリスト教徒は裏切り者、売国奴と見られていました。世間の圧力が緩んできたのは終戦以降です。それから六十年、三世代ではキリスト教が根づくには短かすぎる年月でしょう。

欧米の宣教師が日本でキリスト教を説明してもすぐには理解してもらえません。私の教えた神学部の学生たちはラテン語を勉強し、ラテン語でギリシャ哲学を勉強しなければなりませんでした。ラテン語にキリスト教の伝統は生きているからです。しかし、外国人宣教師に言われるままラテン語を勉強してキリスト教の伝統を学んでも、これはまだインカルチュレーション、つまり外来の宗教や文化の類型的土着化の、最初の段階にすぎないのではないか。このように日本人の神父を育てることは、日本人の中に外国人を作ってしまうことになるのではないか。私たちヨーロッパ人には、結局そこまでしかできなかったのですが。

――日本人の神父たちはヨーロッパ人がキリスト教を理解しているそのままの形で、キリスト教を受け入れたということですか。

A　はい。日本のカトリック教会は、ローマ・カトリック教会の直轄組織です。カルデア教会やコプト教会、あるいはロシア正教会やギリシャ・カトリック教会のような別の組織ではありません。ですから日本のキリスト教には日本独自の礼拝制度や法律や生活の決まりがないのです。日本のカトリック教会もやがてキリスト教内で文化的に独立するでしょうが、まだ少し早いのかもしれません。

――ヨーロッパ人そっくりの司祭を育てること以外に別の宣教の道はありませんか。

A　なかったのですが、最近は少しずつ変わってきています。宣教活動は二千年間いろいろな形が試されてきました。これまでは植民地主義と一体となり、兵隊と商人の後ろに宣教師がいて、現地の人たちに読み書き算盤を教え、衛生面の設備を整え、要理教育をしてきました。そのような宣教活動が終焉を迎えていることを、今私たちは経験しています。

――でも日本は植民地ではありませんでしたね。

A　アジアでは日本とタイだけが植民地になっていません。ヨーロッパと日本の関係は五百年より浅いものです。マルコ・ポーロは日本が黄金の国で屋根瓦が黄金でできているとお伽噺を書いていますが、実際に訪れたことはなく、日本にそれほど黄金はありません。

フランシスコ・ザビエルにとって、日本はその宣教活動の転換点でした。ザビエルはモルッカ諸島でポルトガル軍の庇護の下、ポルトガル王の命に従い宣教活動にいそしんでいました。インドをめぐる宣教の旅の途中、多くの人々と知り合いになりますが、彼らは貧しく教育を受けていないインド人やタミル人で、古いインド文化について何も得られるところがありませんでした。そこで自らの意思で日本行きを決め、ポルトガル植民地支配の傘の下から出て、初めて古いアジア文化と出会います。ザビエルは強い印象を受け、さっそくヨーロッパに向けて情熱的な手紙を書き綴りました。スペインの貴族であったザビエルと同じように、日本人にとっても大事なのは名誉であり金ではないという点を評価したようです。彼は日本の武士道の中にスペインの騎士道精神に似たものを見い出したのです。彼の宣教はいつもとは少し違う形を取り、日本では、すぐに大学創設を考え始めました。

チェコ人は普段意識していませんが、日本には私たちチェコ人より長い文化的伝統があります。昔の日本の教養ある貴族の女性が小説を書き和歌を詠んだのは、伝説上私たちの先祖がヂープ山に登りボヘミアの地に住みついたと言われる時よりもずっと前の出来事です。

――現代において、宣教活動の性格はどのように変わりつつありますか。

A　ヨーロッパの植民地主義は終わりました。独立したおおよそすべての植民地から異口同音に、白人の宗教は自分たちの宗教ではないという声が聞こえてきます。

――一九一八年のチェコスロヴァキア独立の際、チェコ人がカトリック教会から離れることにより、ハプスブルク家支配の過去を清算していったことに似ていますか。

A 確かに類似していますね。かつて宣教師は自分のことを文化面での外交官と理解していました。特にフランス人宣教師はフランス文化を普及することが自分たちの義務と考えていました。

今日、キリスト教の存在しない地域はありません。世界中のほとんどどこに行ってもその地域の教会組織があり地元の司教が運営しています。ヨーロッパを離れて遠く異国へ行き宣教する、というイメージから離れ、各教区同士の協力体制へと変わりました。ヨーロッパの教区はアジアやアフリカの教区と支援し合う関係にあります。例えばドイツのケルンと東京の間にはパートナー関係がありますね。戦後ドイツが復興して裕福になると、東京の教区を財政的に援助し、東京は東京でお返しにドイツのために祈り、日本の修道女をドイツに送り込んだりしました。植民者的な態度を捨て、ヨーロッパ人ではない人々を見下すようなことはせず、自分たちの方が賢いと考えるのを止めました。実際にそうではないのですから。

――振り子は逆の向きに傾くことはありませんでしたか。日本のキリスト教徒がヨーロッパを見下すようなことは。

A　ありません。日本は異文化との接触におけるその振り子をよく知る国ではないでしょうか。敗戦後は外国製品なら何でも国産品よりも良く見え、いったんは伝統から顔をそむけます。ところが今日では自信を回復して、東南アジアを征服すべき選ばれた国民であるという戦前のイデオロギーを擁護しようとする声も上がっています。

十九世紀半ば、アメリカから通商条約を押しつけられて日本が開国した時、眠れる森の美女は二百五十年間続いた眠りから目覚めてしまった。周りを見渡すと、イギリス、フランス、ドイツ、アメリカの四匹のオオカミが今にも襲いかかろうとしていることに気がつきます。列強は日本を植民地化する準備万端でした。ただし列強は獲物を他に奪われたくないとお互いを牽制し合っていて、日本にはほんの少しだけ時間的余裕がありました。そこに「追いつけ、追い越せ」というスローガンが生まれます。ヨーロッパに倣って帝国大学を創設し、莫大な資金を投じて外国から教授を招聘します。欧米人が「憲法がなければ国が栄えることはない」と言う言葉に従い、世界中のさまざまな憲法を調べます。十九世紀後半の日本には本物の政治家がいました。政治屋ではなく国家国民のことを考える政治家です。日本がもっとも気に入ったのはプロイセンの憲法でした。皇帝がいましたから。プロイセンから法律家を連れてきて憲法を作ります。悪くない憲法でしたが、日本の政治家は気がつきます。憲法は国民が受け入れない限り、ただの長い紙切れにすぎない。国民に受け入れてもらうには宗教が必要だ。そして逡巡します。弾圧したキリスト教は、もう無理だろう。仏教も駄目だ。国のために働く政治家にとって仏教徒は競争相手のようなもので、利用できないのは明らかでした。

――競争相手とは。

A　日本の中世には夥しい数の寺が建立されており、強力な経済機構にもなっていました。キリスト教が伝来したころには、朝廷のあった京都の周りの寺院は自衛のための兵まで持っていました。日本の幕府にとって仏教は敵でもありました。幕府はキリスト教を壊滅させましたが、それよりずっと大規模に、僧侶を殺し、寺を焼き払うということが行われました。十九世紀に唯一あり得るとしたら、それが神道だったのです。

日本政府は神道を背景とした憲法を作成しようとします。神道から国の建国神話が生まれました。これは八十年ぐらい効力を失いませんでした。天皇は太陽の子で、日本人は皆天皇の子だから、日本人はつまるところ神に起源をもつという論理です。このために彼らは世界中のどの民族よりも優れていて、アジアを統治する宿命だというわけです。神道には教義のようなものはなく、あるのは主に礼拝制度です。

――礼拝制度も十九世紀に生まれたのですか。

A　いいえ。礼拝制度自体は古くからあります。新年になると天皇は伊勢神宮で儀式を執り行います。これにより四季が訪れ、雨が降り、稲を植えると作物が成長します。天皇が儀式を行うことにより天地が穏やかに治められ混沌から免れるという発想のようです。日本の天皇は、いくつかの時代の例外を除けば、政治的実権がありませんでした。京都御所の防衛力にはならない柵を見れば、政治の実権を握っていなかったことは明らかでしょう。

天皇の誕生は神話によればキリスト誕生のおよそ一千年前に遡るといいます。ところが、おとぎ話は十九世紀に事実に変わります。教育を受けた日本人はこの逸話を後世の編み出した作り話だと気がついていましたが、大量に、それも分かりやすい形でプロパガンダ化されたために、大多数の国民はそれを真に受けました。一九三〇年代、ヨーロッパの植民地主義の国家に追いつき追い越すかに思われたとき、日本はどうしたと思いますか。国土は資源が乏しく石炭が少しあるだけです。日本人は口々に「自分たちも植民地を作ろう。満州の土地には資源が豊かにある」と言い始めました。満州に衛星国家を建設し、満州出身の人物を皇帝の座につけ、背後で操ります。しかし、中国に進出する野望はあまりに大きすぎるものでした。戦線が拡大するに連れて国家神道を濫用し始め、結果として多くの日本の若者たちが命を落としていったのです。

――システムの崩壊と同時に神道もなくなるはずだったのでは。

A　国家神道はなくなりました。今あるのは一度も誰も傷つけたことのないもともとの神道です。日本には寺と神社があります。神道のものは色鮮やかで明るく自然の賜物といえそうです。仏教は真面目で物悲しく陰鬱で静かです。ヨーロッパの古代において、オリンパス山のギリシャの宗教がローマ神話に変換されたとき、ローマ人は対応表を手に持っていましたね。アフロディテがビーナス、ゼウスがジュピターというようにです。日本にも似たような比較表がありました。仏教の仏が神道のどの神に対応するかというものです。天皇は神道の長ですが、同時に仏教の信仰も受け入れました。神仏習合は日本の文化を様々な面で規定しています。

当時、欧米列強は日本に対して、植民地を持ってはいけない、それは倫理的に受け入れられない行為だと言って、自分たちは中国や満州の代理人のような顔をしていました。

——自分たちは植民地を持っているのに。

A ええ、そうなのです。自分たちが植民地を持つことは倫理的には問題ないのだそうです。当時アメリカは日本に対し、領土拡大を止めないかぎり原油を売らないと言いました。エネルギーがないと日本は戦争ができないだけでなく、生活も成り立ちません。日本の諺に「窮鼠《きゅうそ》猫を噛む」というものがあります。猫に追い詰められた鼠は反転して攻勢に出るという意味です。これが日本がやったことです。

日本という国家はヒットラーのドイツと違い、犯罪国家ではなかった。ドイツの場合、ユダヤ人を組織的に殺害し始めてからはどうしたって犯罪国家ですし、カトリックの倫理観からすれば、その時点からドイツ国民は国の命令に従う義務はなかったといえます。ところが日本はどうでしょう。戦争でひどい振る舞いもしましたが、ヨーロッパから学んだことを反復し、失敗したのが日本ではないでしょうか。どういう理由で日本を責めることができるでしょう。

――満州などでの日本兵の非人道的行為も耳にしますが、あれだけ優秀で模範的ともいえる国民が、戦争に駆り立てられ、野蛮な行為を犯してしまったのはなぜなのでしょう。

A　ヨーロッパが近代化していく傍らで、鎖国により二百五十年間、眠っていたのが日本です。近代的な個人主義や内なる良心を発達させることができていなかったのではないでしょうか。アメリカの社会学者デイヴィッド・リースマンが行った人間の社会的性格の分類を念頭において言えば、外部指向型、つまり他者からの評価や周囲への適応が個人の行動基準になるタイプの場合、同質集団の中にいるうちはよいのですが、ひとたび別の文化と摩擦が起こると問題です。国家が戦争に突き進む場合にも、一人一人が個人の内面に問いかけて反対することが困難になるからです。

昭和天皇は戦争を終わらせたことで、少なくとも一つの功績を残されたと思います。ドイツが降伏し、広島と長崎に原爆が落とされ、天皇は戦争を終わらせる決心をされました。終戦演説が秘かに録音されます。軍事政権は録音を知り、放送を止めるためレコードを捜索しますが見つけられず、ついに録音は放送されます。非常に緊迫した雰囲気の中、全国民が一九四五年八月一五日正午のラジオを聴きました。皆がラジオの周りに集まって天皇の分かりにくい演説を聞いていました。

――分かりにくいとは。

A　日本語には様々な言葉の階層があります。女性は男性とは少し異なった話し方をしますし、軍人たちの話し方も違います。天皇はまったく独特の日本語で話されます。人々はあまり理解できなかったと思いますが、天皇がラジオ放送で人々に語りかけるというそのこと自体、意味することはたった一つです。侍の心をもつ軍人たちは一人また一人と皇居の前で自殺していきました。

軍の上層部は東京裁判にかけられました。ニュルンベルク裁判では、個人の責任があいまいだとして、ナチスの関係者の多くが弁護されました。ただ命令に従っただけだということです。日本ではもっとあいまいだったでしょう。日本の司令官たちは実際、命令に従っただけでした。でも裁くのは戦勝国の人間です。被告の多くが死刑になりました。

法廷で天皇の戦争責任を追及することも考えられたようですが、マッカーサーはそうはしませんでした。イエズス会のブルーノ・ビッテル神父もマッカーサーに向かい、天皇を法廷に立たせることは将来の日本とアメリカの関係にとって必ずや不幸を招くと助言しました。ビッテル神父はドイツ出身でしたが、宣教師はファシストでもナチス党員でもありません。マッカーサーは宣教師に国籍はないから日本に残ってよいといいましたが、これは宣教師を優遇したというより、日本の再教育に利用しようとした結果です。

――天皇はどうなったのでしょう。

A　陸軍大将で総理大臣にもなった東条英機は死刑になりました。スターリン、ルーズベルト、チャーチルと第二次世界大戦の権力者たちは次々に亡くなりました。昭和天皇は最後まで生き残られました。

人間宣言をされ、公務を行われるようになりました。

——ごく普通の日本人はどのように敗戦の事実を受け入れたのでしょうか。

A　敗戦から七年後、私が初めて日本を訪れた時、日本は大変物悲しい雰囲気でした。駅前や広場に傷痍軍人が横になっています。片手や片足を失った者、白い服を着てハーモニカを吹き施しを待つ者もいます。国全体が困窮しており、負傷兵の面倒を見ることもできませんでした。

——日本は時の経過とともに敗戦を受け入れることができたのですか。

A　受け入れる以外に選択肢はなかったでしょう。中には国粋主義者のように戦争を東南アジア全体の利益のために必要だったと解釈する者もいました。東南アジア諸国を植民地のくびきから解放するための戦争だったと彼らは言います。日本がフランスの植民地を獲得すると元の国の独立を宣言することがあったからです。無論これは傀儡政権にすぎません。かつての植民地は第二次大戦後、次々に独立していきました。

——日本とロシアの関係はどうなっていますか。ロシアは戦争も終わり近くになって宣戦布告をしましたね。

Ａ　スターリンは広島に原子爆弾が投下され、日本の敗戦が決定的になってから日本に宣戦布告をしました。満州や中国にいた日本軍を捕虜にしてシベリアで強制労働をさせます。捕虜は餓死するか共産主義者に転向させられるかでした。日本領の分割の談合もすぐに始まりましたが、マッカーサーがロシアを牽制します。これが日本を窮地から救いました。朝鮮半島のように分断されてしまうこともあり得た話ですが、その悲劇は回避されました。

――ロシアが実効支配をしている北方領土の問題は今日でも議論されることがありますか。

Ａ　活発に議論されていますよ。戦前、サハリンの半分は日本のものでした。北方領土にロシア人が居住していた事実はないと聞いています。アメリカは七万人の兵士を失って占領した沖縄を一応は返還したのに、ロシアは攻めたことすらない北方領土を返還していない、と。

――ご自身の人生は、基本的に傷を負った国と結びついていますね。ドイツは第一次・第二次大戦で、日本も第二次大戦で、チェコは冷戦で傷ついています。

Ａ　第一次世界大戦と第二次世界大戦の間の時代、一九一八年から三八年までのチェコスロヴァキア第一共和国時代、プラハではチェコ人、ドイツ人、ユダヤ人が法律的にも社会的にも平等に共生し、外国からの亡命者や芸術家も受け入れ、人種的文化的多様性が十四世紀の「黄金のプラハ」のように息づいていました。しかしその後、チェコ一千万の国民は三度傷を負います。最初がナチスドイツの保護領となった一九三八年、次にチェコ共産党が政権奪取した一九四八年、三度目はソ連がチェコの民主化「プラハの春」を押し潰した一九六八年です。ヒットラーの全体主義が、そしてスターリンの共産主義が、人種、文化、価値観の多様性に満ちた「黄金のプラハ」を、この街に生まれたカフカが予言的に描いたような、モノトーンのプラハに変えて行きました。一九八九年のベルリンの壁崩壊、冷戦の終結と共に、ようやくプラハにも自由な色彩が戻ってきたのです。

——五十年間日本で過ごされた経験から、原子爆弾投下の妥当性についてどのような考えをお持ちですか。

A　どちらの側も戦争における行為を原爆投下と関連づけ正当化することはできません。原爆を白人には使わず有色人種に使ったとアメリカを非難し、また原爆に比べれば南京虐殺は数字が不正確だという日本人もいます。一方アメリカ人は原爆が沖縄戦のように死ぬ運命だった多くの兵士の命を救ったと言い正当化します。どちらも悪であることに変わりはありません。当時一体どちらのほうが小さな悪であったかは、今もって学問的には答えの出ない問題でしょう。

——将来明らかになるでしょうね。

A　現在、原子爆弾の夥しい数を考えれば、もしある日使われれば人類の終わりであるだけでなく、地球上の生命が絶滅します。原爆が使われたことにより新たな危険が生まれました。原爆はどうせ使われないという考えがありますが、今回だけは使われない、というのは甘い考えです。人類五千年の歴史が教えてくれるのは、より強い武器が最後には使われるということです。中世、石弓は卑怯で騎士道に反すると考えられ、当時絶大な権威をもつローマ教皇が不道徳な武器として禁止しましたが、それでも使われてしまいました。ギリギリの状況になれば人は何でもするものです。

――ドレスデンはどうでしょうか。あそこでも爆撃によって七万人が死んでいます。

A　私はドイツに占領された国の人間ですが、ドイツの町への絨毯爆撃も正当化してよいのか、私には分かりません。連合国はまず軍事産業を標的に選び、鉄道を爆撃しますが、二日後、ドイツ人が爆破した鉄道の修復を始めていると分かると、戦争を止めるには住む場所を奪うしかないとして町中を破壊しました。この行動がもし倫理的に許されるというのなら、広島も許されてしまう。

――原爆を近くで体験された方とお会いになったことはありますか。

A　ええ。イエズス会は広島の中心に活動拠点がありました。原爆投下時、四人がそこにいて、約六百メートル上空で爆発したそうです。ヨーロッパでは坐禅を伝えたことで名前を知られているエノミヤ＝

ラッサール神父もそのとき建物の中にいました。

――広島市内にいて生き延びられたのですか。

Ａ　四人全員が死なずに済みました。原爆投下後は、階段に座っていた人の陰しか残らないほどの熱波が襲いますが、近くにいて生き延びた人もいました。当時、日本には木造の家屋が多く、鉄筋コンクリート建てはほとんどありません。広島でも木造家屋に住んでいた人々は吹き飛ばされてしまいました。神父たちがいた建物はコンクリート造りで、熱波がやってきて建物は崩れ落ちましたが、死にはしませんでした。広島郊外には修練院があり、そこにいた人たちは丘の上から燃え上がる広島を見、仲間を探すため、市内に入ったそうです。救出には成功しました。爆風で割れたガラスが体に突き刺さっている彼らを連れ出し、治療しました。爆破のときに命を奪われなかった人々も、ひどい火傷を負い、町全体が炎に包まれる中、逃げ出せずにいました。爆撃後の広島を写した有名な写真がありますが、真実とは少し距離があるようです。あれはすでに焼け落ちた後の町を写したものですから。原爆投下の遺産として原爆ドームが残されています。鉄筋コンクリート造りの建物で、チェコ人の建築家ヤン・レッツェルが設計したものです。現在その周辺には天国のように美しい公園が整備されています。

――日本人から見たチェコのイメージはどのようなものでしょう。

A　日本でチェコといえばチェコスロヴァキアのことで、上の世代の人々は年初めに定番のように流れたドボルザークのシンフォニー『新世界より』と、一九六四年の東京オリンピックで金メダルを獲得した女子体操の名花ヴェラ・チャスラフスカを思い出します。

チャスラフスカは東京オリンピックに続く一九六八年十月のメキシコオリンピックにも出場しましたね。メキシコオリンピック開催前の八月、チェコの民主化「プラハの春」を潰すため、ソ連による戦車侵攻、チェコ事件が起こりました。民主化支持を表明していたチャスラフスカはなかなかチェコからの出国が許されず、練習環境もなく、オリンピックへの参加が危ぶまれました。しかし開催直前に出国が許されると、共産圏のシンボルカラー赤に対する抗議をこめた濃紺のユニフォームを着用し、火の出るような激しい演技でソ連の選手を圧倒。チェコに個人総合優勝をもたらし、人々に強い印象を与えました。オリンピック最終日の閉会式で、メキシコの別れの曲、ラ・ゴロンドリーナ（燕の唄）が歌われました。それは「プラハの春」への惜別の歌のように聞こえました。

行方も知らず疲れた翼で　燕はどこへ飛んでいくのか
嵐の中に一夜の宿を求め　見出すこともできず
夢に見るのは温かいねぐら　でも夢は飛び去ってしまった
故郷から遠く離れて　ああ神様　私はもう飛べない

第五章　空襲警報の響く街で――一九三九年――

――幼い頃から第二次世界大戦中のギムナジウム（中高等学校）時代にかけて、ご自身の信仰に至る道のりはどのようなものだったのでしょう。

Ａ　洗礼証明書によると私は赤ん坊の時、聖アポリナリオ教会でヨゼフ・デンシーク神父から洗礼を受けています。でもその神父様には洗礼以来一度もお会いしていません。一九一四年に勃発した第一次世界大戦中、父が戦地で結婚と離婚をした事情のため、戦後再婚した私の両親は教会に通うことができなかったのです。家で習ったのはお祈りの作法くらいで、宗教に触れたのは六歳で入学した小学校の宗教の時間でのことです。何を習ったかは忘れましたが、教えて下さったお年寄りの白髪の神父様がとても優しい方だったことは覚えています。

――小さい頃から一人で教会に通われたということですが、心細くなかったですか。

Ａ　あまり深く考えていなかったのでしょう。今思い浮かんでくるのはそのお年寄りの神父様が小学生の私たちに赦しの秘跡を受けるやり方を教え、クラス全員をヴィシェフラドの聖ペテロ聖パウロ教会の大聖堂に決まった時間に集合させたことです。この初告解の時、言い忘れることのないように事前に罪を書き出したメモを用意し、友人と見せあいながら列に並びました。告解の後、メモは回収されました。そのまま私たちに持たせておくと告解のメモが教会中を舞い、罪の告白大会みたいなものになってしまうだろうと思われたようです。

――初告解の順番が回ってきた時はどうしましたか。

Ａ　持って来た祈祷書には、実際の告解の前に手順通りのお祈りがあり、その通りに祈ろうとすると、「前置き抜きで、ただちに告解を」と言われました。大勢が列に並んでいましたから、もし皆が手順通りにお祈りしたら、昼ごはんに間に合わなかったでしょうね。私はてきぱきと罪を告解し、メモを預けて出てきました。

初告解の何か月か後に堅信式がありました。堅信の記念の御絵は今も持っています。そこには私の十歳の頃の字で「せいなるけんしんのきねん、ぷらはのぱんくら一つ、一九三八ねん五がつ十五にち」とあります。堅信式で代父になった伯父は記念に腕時計を買ってくれました。文字盤に塗った蛍光塗料が暗闇で光る腕時計で、長いこと大切にしていました。

――信仰を次の段階へ導いた出来事についてはいかがでしょう。

A　小学校卒業後のギムナジウム時代、フラデッツ・クラーロヴェーの近くのヂヴェッツ村に農作業の手伝いに行ったことがきっかけになります。第二次大戦中で授業時間が減り、私は列車で農家のヨゼフ・ノヴァークさんのもとに通っていました。彼はヌスレの私のアパートで部屋を借りていた学生の兄に当たります。ヂヴェッツ村に手伝いに通ったことが、巡りめぐって私の信仰に至る道とつながります。話をいったんプラハに戻しましょう。

ギムナジウムの三年目、十三歳頃、宗教の授業がある最後の学年ですが、司祭は熱心な方で、私たちを信仰の道に引き込もうと、同時代の先端的なカトリックの文献を読まされました。あまりに熱心で、教会のベンチの一番前に座り私たちの間近で講義をされ、これには皆ちょっと閉口しましたね。またフランシスコ会ヤコブ教会のフィアラ神父もおかしな方で、黒い修道服に白く太い帯紐を締めていつも歩いておられましたが、誰かが悪戯をすると、ぱっとその帯紐の端を持って生徒を叱責されるのです。本気で怒っておられたのではないでしょうが、大変印象的な小道具でした。ミサ曲などの演奏で有名なヤコブ教会のコンサートに招いて下さることもあり、フィアラ神父は皆から好かれていました。

ある時、このフィアラ神父から、もうすぐ復活祭だからそれまでに聖ペテロ聖パウロ教会に告解に行きなさい、と言われました。ご自分が決まった日に告解所にいるから、というのです。私がその日、行けないでいると、他の教会でもいいから行きなさい、カレル広場の聖イグナチオ教会だったら毎日告解ができるから、と言われ、私は素直に行くことにしました。聖イグナチオ教会は今も昔も人々が告解に通う教会です。教会に着くと、五つの告解所が教会内に配置され、それぞれに信者の列ができていました。一番長い列を選んで並んだのは、歯医者に行くのをなるべく先延ばしするような気持ちからです。それなのに、知らない老人がわざわざ「あっちの列なら並ばず入れるよ」と教えてくれ、私は仕方なくそちらの列の告解所に入りました。間を仕切る格子の向こうに白髪の司祭がおられ、少しだけお話ししました。

——罪のメモは用意されたのですか。

A　そのやり方はもう卒業していました。聴罪司祭はとても親切な方で、また訪ねて来なさい、何か面白い読み物を貸しましょう、と言って下さいました。日程も考えず素直に神父様のところに行ったのは、たまたま聖金曜日でした。聖金曜日では神父様も忙しく、会っていただけないかもしれないと思ったのですが、一応教会の準備室で聞くと、すぐおられるところへ案内されました。神父様のお名前はフランティシェク・クビーチェク。司教座立ギムナジウムでラテン語とギリシャ語を教えておられた方でした。いただいた本は、アイスランド出身の童話作家ヨン・スウェンソンの書いたノンニ兄弟シリーズの一冊です。ノンニは異国の島にカヌーを漕いで向かいます。そう言うと、どこか私の境遇と似通ったものを感じるかもしれませんが、ノンニは私と違い敬虔なキリスト教の信者です。私の精神形成にとって重要な指標になったかもしれません。スウェンソンの本は読み続けました。

――今、自分とは違うとおっしゃいましたが、その言葉はどう理解すればいいのでしょう。

Ａ　敬虔な信者でないことのほうが自然な環境で育ちましたから。周りには宗教を心から信じている人がいませんでした。

――生きたお手本がいなかったので、ノンニが代わりを果たしたと。

Ａ　そう言ってもいいでしょう。でもクビーチェク神父は父のような存在でしたよ。家で話すことができない信仰に関する話はクビーチェク神父にしていました。当時はナチスドイツの占領下で、やがてドイツ当局が院長だったクビーチェク神父をプラハからフラデッツ・クラーロヴェーの町に追放しました。牢獄に入れられたわけではありませんが、フラデッツから出ると逮捕されます。でも私はヂヴェッツ村のノヴァークさんの家に定期的に通っていたので、近くのフラデッツ・クラーロヴェーにおられるクビーチェク神父のところへ寄ることができたのです。よく会っていただきました。プラハではクビーチェク神父に代わり、フランティシェク・ヴルク神父が院長になりました。ヴルク神父のもとにも通い、その頃からでしょうか、もしかしたらこれが自分の人生なのではないかと思い始め、やがてイエズス会に入り、司祭になったのです。

――そのように思われたのは、いくつぐらいの時でしょうか。

A　だいたい十五歳ぐらいです。神を篤く信じるようになると周りは敏感に察知して、兄からは聖なる男と呼ばれ、からかわれました。イエズス会の方針として、無神論者が多数派の社会では自分の信仰を公にすることが推奨されています。このため私は冬、周り全員が防寒用の帽子をかぶっているなか、乗った路面電車が教会の近くを通れば帽子を取り、また真夏の日光の下でも、帽子をかぶらず十字を切ることがありました。最初じろじろ見られて恥ずかしかったのですが、徐々にそうしたことにも慣れました。

――同じような経験をしていた友人は。

A　ヴルク神父が聖イグナチオ教会のあるサークルを紹介してくれました。イグナチオ教会に来る学生たち数十人の集まりです。戦争の末期、スタニスラフ・ホモルカ神父がサークルの指導係についてくれました。神父は文学、芸術、神学に通じた教養人で、チェコ人の司祭で著述家のドミニク・ペッカのほかに、フランス人のレオン・ブロワの著作も読み聞かせてくれました。その時期チェコ人のカトリック教徒たちは皆フランスの方を向いていて、ドイツでのカトリックの動向はまだ眼中になかった頃です。ホモルカ神父はスロヴァキアで育った方ですが、完璧なチェコ語、スロヴァキア語を使いこなす方でした。

私たちは毎週土曜の午後定期的に集まり、神父の講義を聞いては、準備室から塔に向かう途中の場所を溜り場にして、いつまでも話し込んでいました。芝居をすることもありました。声は教会の中まで届いてしまったようで、時々スレザーク修道士から注意されました。

――戦争はイエズス会に影響しましたか。

Ａ　戦争最後の年、二十人ほどのイエズス会士がパンクラーツの刑務所に投獄されました。ベネショフで神学を勉強していた全員がゲシュタポに捕まります。例のたまり場でプラハの人々が、スーツケースに衣服や食べ物を詰めているのを見たことがあります。刑務所に送るためでした。

――信仰生活を家族は支援してくれましたか。

Ａ　十五歳の男の子は将来何になりたいかと問われるものですが、私はその質問が一番嫌でした。しばらく口籠っていて、そのあとで渋々「司祭になりたい」と答えるのですが、そうすると周りの大人は往々にして変な顔をします。家族はいずれ私があきらめるだろうと思っていたようですが、最後は受け入れなければなりませんでした。

――ご家族はあなたに将来こうなってほしいというような期待があったのですか。

Ａ　特にありませんでした。優の並んだ成績表を持ち帰れば、それで喜んでくれました。そもそも我が家は貧しくて、期待など限られたものでした。それに、司祭になる、イエズス会に入ると決めてからは、他の職業のことが考えられなくなりました。

――幼い頃から第二次大戦にかけての宗教的環境についてうかがいましたが、次に歴史的環境について、戦時下のプラハの様子などをお聞かせ下さい。小学校を卒業しギムナジウム（中高等学校）へ進学された十一歳の時、第二次世界大戦が勃発しましたね。

Ａ　勉強はよくできたので、進学することはほぼ決まっていました。小学校も近所でしたが、ギムナジウムも家の近く、ヴィシェフラド地区に通うことにしました。入学試験にはチェコ語の聴き取りテストがあり、そこでいじわるな問題が出されたことを覚えています。国語を担当された先生が寛大にも助け船を出して下さって、おかげで私も無事入学することができました。学校が始まったのは一九三九年九月一日。第二次世界大戦が勃発した日です。当然授業は延期されました。

――子供であっても、周りの変化に気づくことはありましたか。

Ａ　何が起こっているかまるで分かっていないのに愛国心だけはありましたから、ドイツ軍が来たらパンチを喰らわせてやる、と内心思っていました。しかし実際にドイツの軍人たちがそこら中をうろつくようになると、世の中のムードは重苦しいものになりました。

私たちのギムナジウムは元ヴィシェフラド市役所の建物を使っていました。噂では役人たちが暗くて目に悪いとこぼしていたという建物です。でも一年生から三年生まではヴィシェフラドの近くの小学校の最上階を借りて勉強しました。長い階段を上ったり下りたりする三年間です。そして三年経つ前にヒットラーの通達で学校制度が変更されました。私の通っていたギムナジウムも七年の理工系コースがすべて八年の人文系コースに変わり、その結果、私たちは三年生からラテン語を学ぶことになりました。

――授業内容も変更されたのですね。

A　徐々に変わりました。ドイツが入ってきた最初の二年間、一年生と二年生の時は、まだ世界史と世界地理の時間がありました。担当の先生の入れ込み方は半端ではなく、先生の声に合わせてマドゥラ島、バリ島、スンバワ島、スンバ島、フローレス島、ティモール島、とインドネシアのスンダ列島の島々の名前を暗唱しました。今でも古代ギリシャのペリクレスの逸話を半分くらいは言えますし、他にも覚えていることはあります。

しかしその後は、ドイツ人から見れば、私たちチェコ人の子供は非常に問題のある教科書を使っていたようで、勉強するよりも教科書を黒く塗りつぶす時間の方が長くなりました。「全員四十二ページを開いて、三行目から七行目を全部黒く塗りなさい」と先生が指示を出し、チェコスロヴァキア共和国に関する情報はことごとく消えていきました。ヒットラーへの反抗の芽を摘み、ドイツの利益に適うようにという理由で行われたのです。

——塗りつぶす前にさっと読んでしまえばいいじゃありませんか。

A　当然、読むようにしていましたよ。先生方はヒットラーのドイツに反発し、元のチェコを愛する人たちでしたから、そのあたりはゆるかったのです。しかし検査前になると、先生方は私たちが質問に受け答えできるように「正しい地理」を教え込まねばなりません。

チェコ文部省の検査官がチェコ語で尋ねれば、答えは「中央ヨーロッパに点在する山々の間、スムルチナの町以東にある平らな土地は、我らが独立国家チェコスロヴァキアです」となりますし、ドイツから派遣された検査官が相手なら「ボヘミア地域の山がドイツ帝国の偉大なる山々に連なっています」と回答することになります。

——政治が学校の地理教育に介入するとは困りますね。

A　先生方が子供を信頼していた事実を改めて考えると心を揺さぶられます。先生と私たち子供のあいだには、チェコ語を話す人は味方、ドイツ語を話す人は敵、という暗黙の了解がありました。その後ソ連の支配下においては、チェコ語を話す人は信頼できるという単純な判断は、もうできなくなりますが。

――「世界に冠たるドイツ帝国」は確かに文化の豊かさの一端を見せたかもしれませんが、窓からはチェコの歴史上、伝説の城ヴィシェフラドが見えますね。ドイツ占領下であっても、ヴィシェフラドはチェコの子供たちの心の拠り所になっていたのでは。

A　ヴィシェフラドといえば、私たち子供にとっては運動場を意味していました。ヴィシェフラドの公園の一画には今でも墓地があり、ドボルザークやスメタナ、ムハ（ミュシャ）などチェコの著名人たちのお墓がありますね。当時は公園内の、墓地とは別の一画に運動場があり、放課後、そこを駆け回って遊んでいました。ヴィシェフラドは、だからありふれた日常だったんですよ。

私たちの学級は四十人ほどでした。その中には小学校以来ユダヤ人の子供も混ざっていたのですが、ある日突然、全員いなくなりました。これは十一歳の子供には衝撃的な事件でした。私たちの心に影が射した瞬間です。まるで冷たい手で首を触られたような感じがしました。今回はユダヤの子供たちだったけれど、明日は我が身と考えてしまうわけで、酷いことが起こっているのはおぼろげながら分かりました。

――危機は間近に迫っていたのですね。

A　プラハの町中をドイツの軍服を着た男たちが歩き回り、人々は不安そうに息を潜めています。出会うたびに神経を集中しなければなりません。

戦争中はドイツ帝国の地理と歴史だけを学びました。他の国が突然すべて消えてしまったかのようです。授業の時間はどんどん削られ、街のゴミ集めの仕事も義務になりました。生徒は道に広がって歩き、古紙や金属やリサイクルできそうなものは何でも集めてきて、一階のゴミ集積専用のすごく臭い教室に運びました。

鉄橋を「勝利に向かい回転する車輪！」と書かれた貨物列車が渡っていくのがよく見えました。全体主義政権はいつも自国の国民と兵隊を称賛しますね。スターリングラードで失敗しても前線を縮小することに成功したと言っていたぐらいです。

――撤退を転進と表現する方便ですね。

A　やがてドイツへの爆撃が始まりました。ドイツの都市を爆撃する連合国側の編隊がチェコ上空を通過する際、空襲警報が鳴り、警報の十五分前に電話で学校に知らせが入ります。これをL15、ドイツ語で「空襲十五分前の通報」と呼んでいました。最初の頃はL15があればヴィシェフラドの地下道に避難しましたが、後にはすぐ生徒を家に帰すことになりました。日に日に連合国側の爆撃が定期的になり、連日空襲警報が響くようになります。一限目の授業が終わる頃にはL15で帰宅するので、二限目以降の用意はして行きませんでした。授業といっても、印刷が行われていないので教科書もなく、教材無しで長い授業はできません。先生が話す内容を書き取るだけでした。冬は石炭もなくなり、二週間に一度集まることにして、コートを着たまま凍えるような教室で宿題を提出し、新しい課題をもらい、また二週間後に登校するということを繰り返していました。

――知識欲が満たされないことに苛立ちはありませんでしたか。

A　学校というもののあるべき本来の姿を知りませんから、苛立ちというより、あるがままを受け入れるしかなかったのです。学校でラテン語を学べたことには感謝しています。二週間に一度の学校の授業だけでは私のエネルギーはあり余っていて、さらにギリシャ語にも取りかかりました。神学の方面に進みたいと相談をしたり、いろいろとパヴェル・オパフスキー神父にお世話になりました。

ヒットラーがチェコを保護領化しドイツ軍がプラハに侵攻すると、プラハの司教座立学校はたちどころに閉鎖されてしまいました。イエズス会が経営し、オパフスキー神父が教えていらした学校です。イェチュナー通り二番地にあったイエズス会の建物に神父たちは移され、さらにそこも徴収され、立ち退きを余儀なくされました。チェコの大学はすべて閉鎖され、ドイツ語の研究機関だけが残ったのですが、ドイツの男子学生は前線に送られ次々に死んでいきますから、女子学生だけが大学に通っていました。彼女たちがこのイエズス会の建物に住んだのです。オパフスキー神父は修道院のそばにあった来客用の部屋で寝泊まりされ、私が一週間に一度訪ねていくと、ギリシャ語を教えられると喜んで下さった。私も先の見えない時期に、将来につながることを学べてとても嬉しかったのです。

連日の空襲警報を受けて、学校に焼夷弾が落ちた場合の消火訓練もしました。手順としては、片手に取っ手の付いた木製の盾を持ち、その背後に隠れて焼夷弾の投下現場に近づき、盾の覗き穴から爆弾の位置を確かめながら、もう一方の手に持った砂袋を盾越しに焼夷弾の上に投げ落とすというものでした。幸い訓練を実演することにはなりませんでしたが。また夜間爆撃の消火活動に備え、毎日交代で八人ほどが学校に泊まり込みました。

——夜間に学校内を歩き回るなんてちょっとした冒険ですね。

A 教室だけでなく実験室や職員室の鍵までもらっていました。職員室にあった本をこっそり覗いたりもしましたよ。

——爆弾は実際に落ちましたね。エマオ教会からほど近い場所に着弾しています。

A その爆撃で同級生の中に怪我をした者もいます。私はL15があったので家にいましたが、ヌスレでも爆発音が近くに聞こえ、立て続けに何発も落ちました。それでカレル広場のイグナチオ教会の様子を見に行くことにしました。

——大胆ですね。危険とは思わなかったのですか。

Ａ　爆撃機は撃墜されないよう高い高度で飛ぶため、地上から機体はまったく見えないのですが、ものすごい数の爆撃機の重低音だけが、圧倒的な存在感を伴い地上に迫ってきます。またその高度では爆撃機の排気ガスがたちまち雲に変わるため、機体が通過した後に真っ白な線状の雲だけが痕跡として残ります。プラハに爆弾が落ちた時も通りは人でいっぱいで、エンジン音を聞き、またドイツをやっつけに行く爆撃機が上空を通過していると、皆喜んでいたのです。

それが、突然プラハに爆弾を落とし始めました。ドイツのどこかの都市と間違えた誤爆だったようです。爆撃された人々はそのまま道で亡くなりました。カレル広場には地下にコンクリート製の、人が立つことができるぐらいの高さの防空壕がありましたが、爆弾がそこを直撃し、中にいた人々が亡くなりました。イグナチオ教会の横の元イエズス会の学校で、今は病院となっている場所にも爆弾は落ちました。亡くなった方々は教会の中にひとまず運び込まれました。

――その現場にいたのですね。

Ａ　はい。遺体が次々と運び込まれてきます。悲惨な光景でした。焼夷弾で大火傷を負った姿ばかりです。司祭服を着た人もいました。教会のベンチとベンチの間の床に遺体がぎっしり並べられました。スレザーク修道士から、祭壇の上に残っている水の入った器を準備室まで持ってくるように言われましたが、手が震え、途中で器の水を全部こぼしてしまいました。

ヤロミール通りのアパートの鼻先に爆弾が落ちたこともあります。私はその時アパートの一階にいてものすごい爆発音を聞き、地下に隠れるべきと思いましたが腰が抜けて……次がきたら確実に死ぬと思うと、恐怖で動けなくなってしまったのです。爆撃の時のこの経験は、後に司祭になってから役に立ったと思います。圧倒的な恐怖を前にすると人は凍りついてしまうものだということがよく分かりました。

――司祭の仕事に生かすことができましたか。

A　聖職者は人々に恐怖の念を抱かせるべきではないと考えるようになりました。地獄や最後の審判や神の罰について話しても、それが熟練した説教師であろうと、人々に精神的な重荷を負わせること以外、何にもならない。人々が自分で考えて何かをしてみようという気持ちにはならない。爆撃の教訓は、誰かに恐怖を植えつけることによってその人の心からの行動を促すことはできないというものです。人の心を動かすのは愛だけでしょう。

――プラハに爆弾が落ち、戦争が終局に近づいていることを感じましたか。

A　はい。その頃、マイナス四十度のスターリングラードでドイツ軍が足止めされていることを知ります。プラハの病院には凍傷になったドイツの兵士たちが運ばれ、チェコ人は毛皮のコートを前線に提供させられました。両親とラジオで外国の放送を聴き、戦争が終局に近づいていることを感じました。

——ドイツが負けると分かった瞬間ですね。

A　私たちは勇気づけられました。第二次大戦前、一九三八年のミュンヘン協定の結果、英仏がナチスドイツによるチェコの保護領化を黙認した時、クビーチェク神父は司教座立ギムナジウムの生徒たちに、「私の齢ではもう遅いけれど、若い君たちはよい時代が来るのを待ちなさい」とおっしゃいました。ヨーロッパ諸国が宥和政策をとっている間はドイツの保護領からチェコが解放される良い時代は来ないだろうとお考えでしたけれど翌三九年九月、ヒットラーがポーランドに侵攻し、英仏が参戦して第二次大戦が勃発すると、「私もあなたたちと一緒に良い時代を待ちます」と変わりました。ドイツが勝ち目のない戦争に突入し、ドイツの敗戦によりチェコが解放されることが分かったからです。

しかし戦後、最初の民主連立政府が倒れチェコが共産党政権となった時、クビーチェク神父は共産党警察に逮捕され、ボホスドフの収容所から裁判手続きも抜きでモラヴェッツの収容所に監禁され、死を迎えました。本当に良い時代を待つことはできませんでした。

——やがて終戦を迎えます。

A　終戦直前の一九四五年二月、十六歳の学生だった私たちは対戦車壕を掘るため、プラハから百五十キロほど東南にあるオロモウツのウースチンという村に送られました。ソ連軍の戦車が侵入できないよう、幅五メートル、深さ四メートルの大きな壕を掘り、その二十メートルほど手前には人間用の塹壕も。ドイツ兵が対戦車砲で戦車を撃つためです。片言のチェコ語を話すズデーテン地方のドイツ人の号令で作業を進めます。掘った戦車壕に小川の水が流れ込むため、昼は土を掘り、夜、機械で水をくみ上げ、朝になるとまた土を掘る、というくり返しでした。一連の作業のせいで豊かな農地が台なしになりました。監視していたドイツ兵は、私たちが一応働いていれば文句を言わず満足していました。作業を完成させ、わざわざ最前線に送られることは望んでいないようでした。ヒットラーはもう六十歳の男性まで動員していました。私たちを監視していたドイツ兵も体力のない年配の人たちで、「疾風怒涛の民」という勇ましい部隊名でしたが、私たちは秘かに「疾病同等の民」と呼んでいました。私はこのような奴隷的状況にあっても自分が人間だということを確認するため、夜な夜なギリシャ語の文法書を開いては練習問題を解いていました。

――結局、ソ連軍を足止めすることはできませんでしたね。

A　大砲の音が聞こえていたので、ソ連軍が近くに迫っていることは分かっていました。ドイツ兵は私たちがむやみに怖がらないように、いざとなれば別の場所に連れて行くと約束しましたが、実際にはどこかに連れて行かれる前にドイツ帝国が崩壊しました。

もともと同学年の仲間たちとは四月になったら逃げようと示し合わせていました。当時私たちは周辺の農家に泊まり塹壕作りを強制されました。自家用の賄いラードをくれる心優しい農民でした。一度、皆で逃げようとして小さな田舎駅まで行きましたが、戦況の変化で列車が一本も通っておらず、意気消沈して農家に舞い戻ったことがあります。それ以降はグループで逃げるという計画はなくなり、各自、自分なりに逃げ道を選ぶという方針になりました。

いよいよ脱走する時、私は一人で遠くの駅まで歩いて行き、切符を買いました。七十キロ以上の切符は売ってくれませんでした。見つかる恐れのあるプラハに行こうとは思いませんでした。百五十キロ離れたプラハとの中間にある、フラデッツ・クラーロヴェーのノヴァークさんの家に行くつもりでした。

列車には一人の若いドイツ兵が乗っていました。もしかすると脱走兵だったのかもしれません。私はドイツの敗戦が近づいているという高揚感でいっぱいで、もう半ば救われたという気分になり、対戦車壕作りから逃げるところだ、と無謀にも打ち明けました。彼は「僕たちは負けるよ。君たちはいいね。ベネシュ大統領が戻ってくるね」と言い、敗戦時にソ連軍に拘束されることを恐れていました。皆が自分なりに身の処し方を考え、安全と思われる方向に向かって逃げていたのです。

私はノヴァークさんの家で匿ってもらいました。五月初め、フラデッツの近くに様子を見に行くと、ソ連軍がフラデッツ・クラーロヴェーを通過していくところでした。兵士たちは農家から没収した農作業馬にひかせる木造の車に乗り、西へ西へとプラハへ向かい進軍して行きました。

逃亡が成功した知らせとして決めた暗号電報を、友人たちに送ることにします。

「オバアサン　カイフク」……「オレンチモ　オバアサン　カイフク」……戦争の末期、まるで告解のメモが舞うように、あちこちで能天気な暗号電報が行き交いました。ナチスの情報網に敗戦直前の混乱がなければ、皆、確実に逮捕されていたでしょう。

私たちは歴史に学ぶべきでした。過去に起こったことはこれからも起こり得ると。人間は過ちを繰り返す生き物だと。しかし当時私たちは若く、戦争の終わった平和な世界で、未来に対する希望に溢れていました。そしてこの終戦から三年後、民主的選挙で圧勝した政権が、やがてなし崩し的に自国民の自由を弾圧するようになるとは、夢にも考えない幸せな若者でした。

第六章　手を鋤に置いて――一九四七年――

――一九四五年、第二次世界大戦が終わると避難先からプラハへ戻り、ギムナジウム（中高等学校）を卒業後、イエズス会の修練院に入られますね。

A　終戦後、避難先から夜、プラハのデニソフ駅に着きました。町は真っ暗で道にガラスの破片が散っていました。至るところにある破片を踏みながら歩いたことをよく覚えています。

――ご両親はナチスドイツ占領から解放された町で、どのように過ごしておられましたか。

A　あまり元気とはいえませんでした。父は長いこと病気を患っていました。でも、あの頃はすべてが少しずつよい方向に向かっていくのが感じられました。

私はギムナジウムに戻ると残りの学年を修了し、一九四七年に卒業試験を受けました。入学した時の半数の友人が様々な理由でいなくなり、卒業試験を受けたのは二十名前後でした。

――戦争で遅れた分のカリキュラムはどう取り戻したのですか。

A　卒業試験は大学入学資格試験も兼ね、通常なら八年間かかるカリキュラムです。国内外の事情を学び、ヨーロッパの文化に自分たちの置かれた状況を位置づける、そんなカリキュラムに追いつくことは難しいでしょう。形式は以前と同じでした。まず筆記試験の問題は文部省から届き、私たちの前で先生方が封を切り、連日実施されました。次に口頭試験ですが、これについては先生方は私たちが合格できるよう明らかに手伝ってくれました。口頭の本試験の一か月前、普段の授業中に生徒一人一人に対し口頭試験形式で、ラテン語の単語からチェコ語への訳語の問題が出ました。私たちも授業の様子が普段と違うことに気づき、どういう単語を聞かれたかメモします。そして後でラテン語＝チェコ語辞典を引けば、その単語を使った有名な文章の引用が出てくる。さらによく調べれば、口頭試験でラテン語の古典のどの著者、どの作品から問題が出るか、おおよその見当がつきました。

本番の口頭試験では中央に文部省の役人、左右に先生方数人が座っていました。それでも私にはどうも戦後の混乱した時期に、先生方と私たちの両側で芝居をうっているように感じられたのです。実際に出題されたのはオウィディウスの文章だったと思います。先生方は私たちが戦争のために然るべき知識を身につけられなかったのを良く分かっていましたから、なるべく全員が合格できるように取り計らってくれたのでしょう。

――ギムナジウムを卒業したらイエズス会士になると、はっきり決めていましたか。

A　固く決意していました。イエズス会に入る前に友人のヤルダ・ヴァンチュラと一緒にイタリアへ行きました。戦時中はどこにも行けませんでしたし、こういうことには疎かったので、「世間との別れをする前に、世間を見て回ろうよ」と友人を誘い出しました。私は戦後父が取得してくれたオーストリアのパスポートを持っていたので面倒なく手続きできましたが、ヴァンチュラは書類を山ほど集めていましたね。お金なんてありませんから、イエズス会士に自転車を売って、修道士になればどうせ持ってはいられないバイオリンも差し出して、旅費を捻出しました。イエズス会の人たちは親切で、私がイタリアに行こうとしているのを知り、買い上げてくれたのです。

――旅の計画にイエズス会関係の行き先は組み込まれていたのでしょうか。

A　管区長だったフランティシェク・シルハン神父は、旅先で世話してもらえるように、私たちがイエズス会修練院に入る許可をもらったという証明書をラテン語で作ってくれました。その紙を持って、イエズス会の家から家へと渡り歩きます。イタリア語はできなかったのですが、高校で覚えたラテン語の単語を使い、必要な生活用品を何とか表現していました。冒険はヴェネツィアで始まり、ローマではネポムツェヌム神学校に入学していた友人を訪ねました。彼らがカソック（修道服）を着ているのを見て羨ましかった。シチリアのパレルモに着いた時に熱が出て倒れ、直行の船でローマへ戻り、チェコのイエズス会士のいる東方教会研究所で治療を受けました。

研究所に勤めていたヤン・ヂェザッツ神父の計らいで、イエズス会のヨハネス＝バプティスタ・ヤンセンス総長との対面も果たしました。先代のヴロディミール・レドホスキ総長が戦争中に亡くなり、戦争直後の総会では、当時人気があったベア神父はドイツ人という理由で総長になれず、ベルギー人のヤンセンス神父が選出されたそうです。私たちは総長の前にボーイスカウトの半ズボン姿で現れました。長ズボンは持ってきていませんでした。総長がキスのためにさし出した手を、私はしっかりと握りしめ、力強く握手しました。手にキスするべきことが分からなかったのです。ローマでの礼儀作法については、まったく無知でした。

——他にはイタリアのどちらへ行かれましたか。

A ナポリではカプリ島に行きました。ポンペイを訪れて、楽しかったですね。買ってきたキャンティ・ワインを飲み、オリーブの木の下で眠りました。イタリアで浮かれ騒いで、帰国後に修練院に入りました。

——哲学にも興味はあったのですよね。

Ａ　ギムナジウムで七年目の時に弁証法的唯物論を習いました。担当の先生が共産主義にかぶれていたのかソ連の国歌を歌わされました。しかし、まだ大統領はベネシュでしたから、民主主義が当面続くのだろうと、その頃は考えていました。

――ソ連の手が迫っていることを感じませんでしたか。

Ａ　ある程度の脅威は感じていました。政府の重要なポストを共産党員が占めるようになり、国の中枢に共産党員がいて、連立政権ができていた。マルクス哲学の講義に関して言えば、私にとって哲学に深入りする刺激になりました。カトリックで健全と思われていた哲学の文献を探し求め、マルクスのイデオロギーの手ほどきをしてくれた先生に対し一生懸命反対意見を述べて、彼の授業を台なしにしていました。

――なるほど弁証法的唯物論は哲学者の役に立ったわけですね。

Ａ　その後、哲学を真剣に学ぶことの呼び水にはなりました。そうこうしているうちに議会の総選挙が始まり、報道は共産主義こそ我らの未来だというムード一色に染まっていきました。反ファシズム団体「国民戦線」の代表が学校に来たこともあります。私たちの前で党の目指すところを話すのです。私のようなイエズス会に入ろうと思っている人間に魅力的に映ったのはキリスト教民主主義を掲げた人民党でした。その人民党から派遣されてきたのはいかにも人のよさそうな初老の高校の先生で、演説というか、授業でもするように党の計画を話しはじめたものですから、誰一人真剣に聞く生徒はいませんでした。

――選挙権のない学生に対しても演説が行われたのですか。

A　私は国籍がオーストリアでしたから選挙に行ったことがなくて。いずれにせよ党員が来たのは少し変でしたね。選挙は共産党の地すべり的勝利という結果に終わりました。私の両親や友人たちは西側の思想に近く、ベネシュ政権が終わってソ連の影響下に入るのは困ると思いましたが、何とかなるとも考えていました。

――政治が不安定な中、ご自身はまったく違う道を目指されましたね。

A　一九四七年八月十四日、三人のプラハの友人とヴェレフラドで修練期を始めました。すでに修練者だった人たちとは別の部屋でした。うまく修練生活に入るために最初の二週間は修練志願準備期間が設けられ、二年生の修練者が指導係でした。司祭は三人で、ブルノ教区のパヴリーク神父、フラデッツ・クラーロヴェー教区のスラヴィーク神父とシュヴェツカ神父です。先輩方の指導も入り、入会直後の浮かれた気分は徐々に収まっていきました。最初は楽しくて騒いだりもしたので、ヴェレフラドのイエズス会士たちはこれが気に入らず、私たちの推薦を一度白紙に戻したらどうかと提案します。しかし院長のレオポルド・シュカレック神父の「いいえ、あれは良い青年たちです。時代が違います」という鶴の一声で、晴れて私たちも正規の修練者となり、修道士の服をもらうことができました。

――修道士の服とは。

A　イエズス会士には固有の修道服がありません。決まりには教区の司祭と同様な服装でいるようにと書いてあるだけです。私たちは亡くなった神父のお下がりのカソック（修道服）をもらい、修練者の生活を始めました。このカソックが古くよれよれで接ぎまであり、どうみても教区司祭と同様とはいえない代物でしたが、それも清貧の教えを学ぶ修行の一環だったようです。自分の部屋はもらえず、大部屋の寝泊まりです。プライバシーはまったくありません。ベッドと洗面器と水差しを置く台があるだけです。水道は通っておらず、各自が夕方、水差しに水を入れて持ちこみました。一九四七年の冬はとても寒く、朝起きて顔を洗おうとすると夜汲んだ水が凍っています。暖房器具もありません。授業や儀式で使う部屋には一つだけ泥炭ストーブがありました。どこで調達したものか分かりませんが、中庭の小屋に置いてあった泥炭は、ストーブに入れるとものすごく臭くなり、煙突の部分から上がる黄色い煙はひどいものでした。

――昔ながらのしきたりに従って暮らしておられたようですね。

Ａ　朝は五時に起きて礼拝堂に向かい、一時間瞑想します。昔、プレモンストラート修道会が建てた礼拝堂の窓から、月の光が射し込んでいました。それからミサと朝食です。食堂は細長い部屋で高い天井の下に説教台があり、朝食はミルクを入れたチコリ・コーヒーと何もついていないパンでした。でもあの時のパンは美味しかった。戦争の始まった一九三九年ごろから配給制度となり、あんなに生地自体の美味しいパンは食べたことがありませんでした。後にヂェチーンで私たちが共産党政権により逮捕され収容所に入れられた時も、この古き良き習慣が続きましたが、私たちを監視していた兵士は、こんな粗末な朝食は食べられないと同じ朝食を拒みました。収容所指導部は対策をとり、兵士にも私たちにもパンにママレードがつくようになりました。逮捕された時のほうが朝食は良くなったのです。

二年間の修練期間中、修練者の時間は一日中、分刻みです。午前中は修練長からイエズス会の会則について説明され、その後で霊的読書の時間があります。最初に読むのは十七世紀のイエズス会士アルフォンソ・ロドリゲスの立派な古めかしい〝積ん読〟好適本、『修徳指南』。ロドリゲスの著作は分厚い四冊からなり、しかも最悪のチェコ語に訳されていました。後に聞いたところではドイツのイエズス会士も修練院でロドリゲスを使い、ややましな訳だったようですが、いずれにしても学生にとっては読むよりも積んでおくほうが嬉しい書物でした。三十分の読書に続いて十五分、自分のためのノート取りの時間があります。ロドリゲスは一つ一つの美徳について論じ、各章の終わりに必ずつけ加えます。「今まで説明したことは適切な実例で裏づけられる」。そして昔の隠遁者の逸話が並びます。ここだけは面白かったので、私はノート取りの時間に、古代エジプトの砂漠に隠遁したキリスト教修道士たちの逸話を書き移すことにしました。それは修道院長アルセニオ（アントニオ）が修道院で足を組む逸話で、これを読んだ私たち学生は、足を礼儀正しく並べず大きく組むことを大アルセニオ、くるぶしで小さく組むことを小アルセニオと名づけて遊びました。

——そういう組み方はいけないのですか。

Ａ　そう、まさに、いけなかった！　ロドリゲスによれば、そのためアルセニオは悪魔から厳しい罰を受けたそうです。まあ、このようにして古めかしい積ん読好適本四冊を全部読み終わると、もう一度最初から読み直すことになっています。三回通読したら、仏の顔も三度、ではありませんが、やっと別の本に手を伸ばすことができました。

——修練者一人一人がロドリゲスの本を静かに読むのですか。皆で朗読するのではなく。

Ａ　個人用の本を持っていただけでなく、一人一人自分の読み書きする机がありました。机の上面を上げると中に物を入れておける、まるで二百年前に流行ったような家具でした。

謙虚な気持ちで修行を積むため、修練者たちが暮らす部屋だけでなく、隣のギムナジウムも含め、学生寮の掃除はすべて私たちが箒で掃き雑巾がけをしました。チェコの管区全員のため、いろいろな苦行の器具も作っていました。

――今のイエズス会はそうしたことをしませんね。

A　はい。これはもう完全に過去となりました。現在は行われていません。でも第二次大戦直後の私たちの修練院には、まだ中世の流儀の名残がありました。週に数回は夜寝る前、自分で自分の背中を肩越しに鞭打つという日課もあったのです。

――まさか！

A　夜、部屋の電気を消し、私たち七人の修練者は我が身の鞭打ちを始めます。まず大部屋に並ぶ各自のベッドの仕切りカーテンを静々と閉め、鞭で我が身でなく我がマットレスを叩く音が響き渡るわけです。新入りが入ると最初マットレスのことは言わずにおくので、彼だけは本当に我が身を鞭打つことになります。

不思議なことに、六十年前、こんな分刻みの日課に追われ、中世の名残の苦行にはとぼけた対応もしましたが、一方で私たちは本気で修行に励んでいました。というのは、私たちを指導していたのがアントニーン・ズガルビーク神父とフランティシェク・クチェラ神父だったからです。お二人はあの当時まだ三十四歳でしたが、ナチスの強制収容所のパンクラーツとテレジンから生還された方々でした。自分の信仰をとことんまで生きていながら、一見まったく普通の人と変わらない生活を送っている。お二人が目の前に手本としておられその人格に圧倒されていたおかげで、時代遅れのやり方であっても、私たち修練者には一生忘れられない修練生活の神髄が伝わったのです。

午後は散歩に出かけ、その後三十分の瞑想。今から思えば、朝から晩まで追い立てられるように課題だらけの生活でしたが、規則に従って生きることの大切さを学んでいたのでしょう。二年間で規則を守ることが自然に体に染みつき、必要とあれば目の前の仕事を中断してすぐ別の仕事に取りかかることができるようになりました。

――今もこのやり方を守っておられますか。

Ａ　はい。毎日五時に起きていますよ。

――もう鞭打ちはしていませんね。

Ａ　ええ、していません。共産党警察に逮捕され、鞭打ちの習慣はなくなりました。神様のおかげです。思えば修練院で行われた中世風のやり方は、昔のバロック時代らしい特殊なエクストラ・ヴァガンスの一つだったのですね。日本で言う「傾き者」が、茶道の詫び寂びについての高い教養を持ちながら、形式のみを崇拝する俗物性への抗議として、あえて綺羅綺羅しい装いで茶会に参加するようなものです。世間の無難な行動や常識的価値観に安易に流されることを拒否する意志表示として、わざと常軌を逸した大げさなふるまいをすることがエクストラ・ヴァガンスですから。

――それを取り入れていた意味は、心身をコントロールする強い意志を養うためでしょうか。

A はい。ただ修練院の間、なかなか理解できなかったのは、「生きるための欲望を捨てること」モルティフィカツィオ mortificatio が繰り返し強調されることでした。戦争が終わり、私たち若者はより良く生きたいという希望を持って修練院に入ったのに、強調されたのは、生きるための欲望を抑え、捨てることでした。自分がより良く生きたい、自分が神のために働きたい、という自分からの一方向的固定的視点でなく、生かされている自分、神の働きの中にある自分という、円環的動的視点に気づくよう、自分の足元を見つめるモルティフィカツィオが強調されたのでしょう。

当時はそこまで理解できなかったのですが、それでも私たちはユーモアをもって修行に励んでいました。実のところ私は一生の間で修練院の二年間ほど心から笑ったことはなかった。気の合う仲間がいたからかもしれません。ユーモアたっぷりの二年間でした。確かに新聞も読めずラジオも聴けなかった。テレビもありません。郵便も届かず、一か月に一度一通だけ手紙を書くことが許され、その手紙の内容にも修練長が目を通します。修練院の教育の基本方針は、生活全体を根本から立て直し、新しいスタートを切る、というものでした。イエス様の言葉に「誰でも手を鋤に置いて後ろを振り向く者は、神の国にふさわしくない」というのがありますね。私たちは今後、自分の家族との交際はしない、そしてこれからの人生は死ぬまで修道生活あるのみでした。

二年間の修練院終了後、ヂェチーンで哲学を学ぶため、ヴェレフラドからプラハで乗り換えヂェチーンへ向かった時も、プラハの家族のもとに寄ることは論外でした。この点については、今のイエズス会は私が入会したイエズス会と同じ修道会だろうか、と感じます。

——政治的緊張が続く時代だったと思いますが、修道院の外で何が起きているか、情報はなかったのでしょうか。

A　政治については何一つ知りませんでした。一九四八年二月、チェコ共産党が政権を奪取した二月革命が起きた時、ズガルビーク神父が午前のお話で「カリッシミ（諸君）！」と始められました。私たちはラテン語で普段からそう呼ばれていたのですが、神父は、「カリッシミ、昨日、政変により民主連立政権が倒れ、共産党政権が成立した。もしかしたら逃げなければならない。逃げる時に目立たないよう、今日から頭を剃るのはよしなさい」とおっしゃったのです。髪型は修道士になるときにあきらめなければならないことで、それまで皆がつるつるの頭をしていました。

——髪をドーナツ状に残すトンスラでは駄目でしたか。

A　修練者はトンスラにはしません。それはもっと後の段階でのことです。私たちにとって、いわゆる二月革命の直接の影響は、頭を剃るのをやめたことでした。当時私たちは、私たちの生き方を許さず受け入れず、私たちが代表するすべてをことごとく否定する社会が外にある、という意識によって強く結ばれていました。だから先ほどお話しした時代遅れなエクストラ・ヴァガンスも平気で受け継いでいたのです。

――外の世界によって潰されること、世の中が共産主義一色に塗りつぶされたことに恐怖を感じませんでしたか。

A　第二次世界大戦後の三年間は希望に満ちた時間でした。もう二度と戦争は起こらないと思うことからくる幸福な気分です。ヨーロッパ中に広がっていた気分は、何があっても戦争よりひどいことはないだろうという楽観でした。ところがヤルタ会談以来、チェコスロヴァキアはソ連の影響下に入ります。社会的なことに関心のある二十歳そこそこの私たちは、「収容所に入って殺されたら、英雄の殉死みたいで美しいじゃないか」などと言っていました。これがズガルビーク神父の耳に届いてしまったようで、雷を落とされました。

「君たちは何について話しているか、何も分かっていない。そういう類のことは今後一切聞きたくない」と厳しい口調でおっしゃいました。神父は私たちが話していたことの中身をご存知でした。ゲシュタポに逮捕され、パンクラーツ刑務所で拷問の経験をお持ちでした。パンクラーツで一緒にいたヴァーツラフ・ピトゥルン神父が、拷問後、尋問室から這って帰るズガルビーク神父の姿を、後に語ってくれました。

ピトゥルン神父自身もチェコ人とズデーテン出身のドイツ人の二人から尋問を受けたそうです。質問をされてはチェコ人の取調官から殴られ、同じ質問に同じように答えて今度はドイツ人取調官から殴られ、顔が傷だらけになり、耳がちぎれたといいます。でもより大きく腫れあがったのはドイツ人が殴っていた側の顔だったと。壁からはずした帽子掛けで殴られたこともあるそうです。私たちが話していた中身はそういうことでした。ズガルビーク神父は最期、共産党政権の刑務所で亡くなりました。喘息が止まらずに苦しんだようです。

あくる年、私たちの修練期の二年目に、ズガルビーク神父はブルノの司教座立ギムナジウムの院長に就任され、変わって修練長に任命されたのはクチェラ神父でした。クチュラ神父の元の役目、修練長補佐をスタニスラフ・ハヴェルカ神父が引き継ぎます。彼は非常に痩せて、常に何か病気を患っていました。後に私たちは逮捕されますが、ハヴェルカ神父は病気で療養所におられ逮捕されなかったので、地下で活動していたイエズス会士たちは彼のもとに結集することになりました。

クチェラ神父はズガルビーク神父と同様、ゲシュタポの刑務所を経験されましたが、それについて多少違う態度をとっておられました。

「人によってはキリストのためにシベリアの収容所に投獄され、そこが解放される数日前に死ぬという恵みを、神に祈り求めることがあり得ます」と言われました。

その後、クチェラ神父は共産党政権で長い間投獄され、刑期を終えた後、女子修道会が世話する知的障害者の施設で、一九七五年に亡くなるまで務めておられました。共産党政権でさえこのような知的障害者の面倒をみる人はなかなかいなかったので、それに携わる修道会の働きを許可し、そこで神父は働いていたのです。

——ご両親がヴェレフラドに来られたことはありますか。

A チェチーンの時に、ありましたね。ヴェレフラドにはギムナジウムの同級生が来てくれました。少し散歩をして話しました。休暇のようなものはありません。修道生活の最初から最後まで休暇も恩給もないことは分かっていました。今では一年に二週間の休みが与えられ、好きなところへ行ってよいそうです。時代は変わりました。

——ご両親はあなたが司祭になることを望まれなかったのに、こうなると息子を一人完全に失うことになりましたね。

A きっと悲しんでいたと思います。でも若い頃は皆、自分のすることで両親が悲しんでいるなどと考えてもみないでしょう。両親は私がイエズス会で幸せにしていることを知って少しずつ理解してくれました。それから、自分たちでは私に確かな将来を保証することができなかったとも言っていました。もし修練院での生活に入らなかったら、私は自分がどうなっていたか分かりません。

後にローマのグレゴリアン大学で学んだ時、母からの手紙に、父と母ではこんな環境を私に準備することは決してできなかった、と書かれていました。母の感謝の気持ちへの返礼として、私は遠い日本へ姿を消すという親不孝を重ねてしまったのですが。

——修練期の終わりに無期誓願を立てるのですね。

A　古くからあるイエズス会以外の修道会は一年の修練期の終わりに修練者が一年か二年の有期誓願を立て、この有期誓願を何度か繰り返した後、終身誓願を立てるのを許されます。

イエズス会の場合は修練期は二年で、その終わりに修練者自身としては無条件の無期誓願、イエズス会修道会の側からは条件付き受け入れ認定という形をとります。やがて修行の中で修道会が適性を認めた時、初めて無条件にその人もイエズス会に受け入れられるのです。しかし修道会から見て適性がないと考える重大な理由があれば、世間に戻し、誓願から生ずる義務はその場ですべてなくなります。ここでいう誓願とは、清貧（物を持たない）、独身（結婚をしない）、目上への従順、の三つです。

イエズス会の創始者、聖イグナチオ・デ・ロヨラがパリで数人の同士と神に自らをささげた時、修道会を作るつもりはなく、神の御旨に従った正しい生活の道を確かめ、一人一人が神に仕えるつもりでした。同士の共同体を存続させることは後の発想です。十六世紀当時は堕落した修道会や修道士が教会の悩みの種だったので、ローマの教会指導部は修道会の数を厳しく制限していました。聖イグナチオと同士の新しい修道会を作る提案も歓迎されず、最後には許されても、六十人までの小規模なものという条件付きでした。

この措置がイエズス会の中にメンバーの何種類かの区別が生じた原因です。今日にいたるまでイエズス会にはメンバーの三つの層があります。つまりプロフェス（四つの誓願をたてているメンバー）、コアデュートル（司祭と修道士からなるメンバー）、スコラスティック（準備勉強中のメンバー）、この三つです。イエズス会士が四つ誓願を立てたプロフェスとなるには、ギムナジウム（中高等学校）卒業後に修練院に入った場合は、十七年間の準備期間があります。まず修練期二年、次に三年の哲学研究と四年の神学研究、研究後、一年間の第三修練期、それに数年間司牧的働きの実務を行ってから、十七年目に初めてプロフェスというグループに入ることができます。

——そのように十七年間お待ちになったのですか。

A　そうです。私が最後の誓願をたてたのは一九六四年、東京で、後にイエズス会総長になられた、当時のアルペ管区長の下でした。

——ヴェレフラドの修練院を後にされた時の様子はどのようなものでしたか。

A　私たちは無期誓願を立てた時に、初めて新しいカソック（修道服）と、ビレットという四角い帽子を受け取りました。この帽子を当時イエズス会士はいつも被っていたのです。食堂では普段、食事の時に宗教的な本が朗読され、テキストの中でイエスとかマリアの名前が出ると、全員がビレットをとり礼をする光景が見られました。

朗読された本には、O・A・M・D・Gと印字されたものもあり、これは聖イグナチオの座右の銘でイエズス会の標語、Omnia Ad Maiorem Dei Gloriam（すべてはより大いなる神の栄光のために）を表します。人々が、自分の存在が神の愛により贈られたものだと気づくように、また世界の人々の自由意志が、神への愛に向かい育つように、どのような場所へも行き、協力し活動するのがイエズス会士の務めです。地に落ちた一粒の麦のように、より大いなる神の栄光のために。

第七章　路面電車のエスコート――一九五〇年春――

――一九四九年、イエズス会での二年間の修練期を修了し、哲学を学ぶためヂェチーンに向かわれますが、これは当初から明確な目標でしたか。共産党による教会弾圧も始まった時期ですね。

A　はい。ヂェチーンにはチェコとスロヴァキアのイエズス会管区が共同運営する施設があり、そこで若いイエズス会士が哲学を勉強していました。哲学の勉強の次に神学の勉強が待っているわけですが、そちらはスロヴァキアのトゥルナバという町の施設で教えることになっていました。私は一九四九年八月、修練期を過ごしたヴェレフラドからヂェチーンに向けて出発しました。

――ヂェチーンの思い出はどのようなものでしたか。

A　哲学院の建物はきれいでしっかりしていました。後に共産党政権に没収され二度と戻りませんでしたが。建物のそばにきれいな庭園と池の跡があり、木につるされた籠の中でリスが車輪を回していました。リスのように一生懸命走ってもどこへもたどりつかない、これこそ私たちのヂェチーンでの勉強の真相のようにも思われました。そのリスは後に私たちが共産党警察に逮捕された時、檻を開けて逃がしてやりました。

敷地内にもう一つ建物があり、そこはズデーテンのドイツ語を話すイエズス会士が自分たちの修練院として建てたものでした。彼らはチェコ人やスロヴァキア人と一緒は嫌だったようです。私がヂェチーンにたどりついた時、私たちの方は教師と生徒合わせて五十三人で、スロヴァキア人とも仲良くしていました。後のチェコとスロヴァキアの間の緊張関係は、当時はまったく感じられませんでした。

――ヂェチーンはドイツ人を追放した地域ですね。

A　ドイツ人を追放したせいで、周りの町は住民が大幅に減少し、ほとんどからっぽでした。ヂェチーンからほど近い場所にウースティー・ナッド・ラベムがあります。ここでは一九四五年、第二次大戦終結直後、ラベ川に架かる橋で多くのドイツ人が銃殺されたと聞きます。それまでドイツ人がチェコ人をいじめたり殺したりしていた反動が、一気に噴き出たようです。戦後の混乱の中で、血で血を洗うような動きを抑える組織もなく、起こった悲惨な出来事は後々まで傷として残ることになりました。

人口の減った町に最初にやってきたのは、ゴールドラッシュのように盗めるものはすべて盗み去っていく人々です。次に来たのは一応そこに住みつきはしましたが、もともとはそこに根をはっていない人々でした。こういう状況の中、私たちの中で司祭になっていた者は、周囲の村と町の教会に日曜のミサに出かけていくようになりました。

——ヴェレフラドの時とは違い、俗世間から離れた生活をしていたわけではなかったのですね。

A　ええ、町にも出て行きましたし、哲学院の横にあった教会で日曜日に讃美歌を歌うこともありました。ラベ川の反対岸のポドモクリにズデーテンのイエズス会士が建てかけた黙想の家が一部完成していたので、週に一回、そこに出かけていました。イエズス会の研究施設では聖イグナチオの時代から週に二回は休みで、私たちの場合は木曜と日曜でした。木曜は授業無しです。月曜から水曜まで三日間勉強して木曜に休み、金曜土曜と勉強して、日曜休み、というペースは、心地よいものでした。休日はポドモクリまでラベ川の橋を渡って遠足をし、黙想の家で修道士に作ってもらった昼食を食べ、帰ってきました。

——どのような形で学ばれていたのでしょうか。

A　たいていの大学と同じでした。学校での授業と個人研究の時間が交互にありました。イエズス会は創立以来、勉強の仕方は実際的効果的な形に整えられ、研究と霊的務めからなっていました。研究は三日授業、一日休み、二日授業、一日休み。霊的務めは毎日のミサ、昼と夜の良心究明、毎日の黙想でした。

そういう秩序は第三代イエズス会総長、フランシスコ・ボルジア神父が築き上げたものです。ボルジア神父はイエズス会に入会前、スペインの総督をしており、集団統治の術を知っていました。アッシジの聖フランシスコはボルジアと違いカリスマ的な人でした。規則でなく、霊的に燃える心を信頼し、福音書以外にどんな会則も作らなかった。その結果、フランシスコ会は早くも三つに分かれてしまいました。イエズス会の創始者、聖イグナチオ・デ・ロヨラも規則など本来いらないと思った人でしたが、第三代ボルジア総長がしっかりと、イエズス会の修道生活の秩序を重んじるやり方を作りました。

冗談で言われますね。イエズス会士に二つタイプがある。一つは規則を守る者、もう一つは仕事に励む者、と。

——勉強の内容としては。

A　一年目は認識論と一般存在論です。二年目は主な科目は哲学的心理学と哲学的神学、三年目は倫理学と宇宙論です。主な六科目と共に様々な関連科目を履修しました。哲学院の研究内容はカトリック教会の大学規則に則って細かい点まで決められていました。

——先生方は、どのような方々でしたか。

A　存在論と認識論を教えていたのはアントニーン・レプカ神父です。哲学的神学はパヴェル・ニェメシュカル神父で、彼は哲学的神学というやっかいな科目を、自分で何を教えているか分かっている、という噂があり、皆、彼の講義を楽しみにしていました。フランティシェク・コネチュニー神父は心理学、哲学史はオットー・ポラーフ神父でした。シルハン神父からも教えていただけるはずでしたが、イエズス会チェコ管区の管区長になられたので講義はありませんでした。

――シルハン神父はその後、共産党政権により教授職からはずされただけでなく、管区の統治職からも退けられますね。共産党政権が行った教会弾圧のための公開裁判、モンスタープロセスの第一号として禁固二十年の判決で投獄されました。

A　あの裁判でシルハン神父のほかにもイエズス会士は何人も有罪判決を受けています。法廷での検事の言い分と、それに対しシルハン神父が何と答えているか、どうしても知りたくて、レプカ神父が一般存在論の講義をされている最中に、私たち学生は机の下に新聞を隠して裁判のもようをこっそり読んでいました。

――これは憂鬱な雰囲気でしたね。いつ哲学院も潰されるか、時間の問題だと分かっていたでしょうから。

A　あの時すでに二人の無教養な共産党員「人民の同志」が学院に派遣され、私たちを監視しながらマルキシズムを教えることになっていました。

一方哲学院の学生の食事の世話などをしていたブラザーは、二人の共産党員が回心するよう、彼らの朝食のコーヒーの中に聖イグナチオの聖水をせっせと注ぎ込んでいました。

――「人民の同志」はどんな様子でしたか。

A　二人は場違いなところに配置され、困っているようでした。あまり私たちの生活には干渉しませんでした。

当時、共産党警察はアクションKという、全国で修道者を一斉に逮捕する措置を準備していました。この二人の監視員も来る一九五〇年四月一三日の真夜中にそれが実行されると知っていました。

四月一三日は木曜日で哲学院の勉強が休みです。朝食後、皆いつものようにあちこちに散っていき、私と友人のヤルダ・ヴァンチュラ修道士も自転車でボホスドフまで出かけました。朝、全員がミサにあずかり朝食を食べていたのに、昼になると急に静まり返り誰もいない。二人の監視員は真っ青になります。情報が漏れて全員逃亡し、その責任を問われるに違いないと。もちろん私たちはリスのように何も知らず、夕方には自転車の車輪を回しながら哲学院に戻り、すやすやと眠りました。警察がやって来たのは真夜中でした。

――あなた方はその日、ボホスドフへ自転車で行って戻り、そしてあくる日、再び囚人としてボホスドフへ運ばれたわけですね。

A ボホスドフにはイエズス会のギムナジウム（中高等学校）と学生寮があり、警察はギムナジウムの学生たちを寮から立ち退かせて、私たちを収容したのです。

話を戻すと、その前日、四月一三日木曜の夜、皆が寝静まったころ、部屋に押し入ってくる者がありました。三十分で荷物をまとめて食堂に集合するよう命令されます。辺りに警官が集まり、道路には警察のバスが数台停まっていました。食堂で「人民は修道士のことを怒っている。修道士は何もせず労働者の犠牲の上にぬくぬくと暮らしているばかりでなく、国の秩序を転覆させようと準備しているので、人民は大変怒っている。警察が保護しなければ人民が暴力をふるうから、守るために来た」と説明されました。でももしイエズス会を脱会するなら、すぐ家に帰っていい、とも言われました。もちろん誰も帰りません。

私はチェコで生まれ育ち、心はチェコ人でしたが、第二次大戦前後の混乱の中、国籍を父方の祖父のオーストリアから変更できず、その結果、私もオーストリアのパスポートを所持していました。ですからそれを利用してこの非常事態をローマへ知らせるため、自分は外国籍でチェコスロヴァキアの政治には無関係だと言ってみました。するとパスポートを見せろと言われ、そのまま取り上げられてしまい、直後にバスに乗せられました。

――どこに連れて行かれるか分かっていましたか。

A　いいえ。でもボホスドフには短時間で到着し、ヂェチーンから来た私たちが一番でした。その日はボヘミアやモラヴィアから何台も警察のバスが到着しました。

――手荒に扱われませんでしたか。

A　節度ある対応ではありました。ボホスドフの寮は塀に囲まれています。私たちは鍵のかかった場所に閉じ込められ、兵士に監視されました。彼らは自動小銃を持ち塀に沿って立っているので、私たちに逃げ道がないのは明らかでした。もし逃げようと思えば一大事。その一大事は実際に起こりましたが、私たちにではなかった。一人の兵士が自動小銃をもて遊び、自分に向けて誤射して死んでしまったのです。

――誰も逃げようとはしなかったのですね。

A　シルハン管区長がチェコ管区のメンバーに西側への逃亡を禁止したからです。あなたたちは修道者として三つの誓願を立てている、と管区長は言われました。物をもたない、結婚をしない、目上に従順である、の三つです。その三つ目の誓願に訴えて、国外へ逃亡することを禁止しました。こうした措置は管区長の状況判断の結果でした。彼は共産党政権は数十年続くと想定し、イエズス会士が必要となるの国外ではなく国内だと考えたのです。警察に追われている場合に限って、逃亡が許されました。

ちなみに隣のハンガリーの管区長は正反対の意見をお持ちでした。政府の新しい体制は長く続かないと予想され「逃げられる者は、逃げよ。そのあいだ司祭になる勉強に励み、体制が崩壊したら戻って仕事につけばよい」とおっしゃったそうです。その結果、西側諸国にはハンガリー人イエズス会士が多く、一方、チェコ人イエズス会士はごく少数となりました。ドラマチックな逃亡劇もありました。日本にいたこともある同僚のゾルターン・ビハリは、ハンガリーから急行列車の車体直下にあるスペースに隠れて脱出したようです。

――共産党政権が続くというシルハン管区長の予想は正しかったですね。ただ、警察に追われた場合は逃げてもいいということに関して、本人は失敗しました。実際、警察の追手がかかってから逃げようとしても遅すぎる場合が多く、シルハン管区長も逃げる途中で逮捕されました。それでも管区長の決断の正しさを疑わなかったのですか。

A　疑いませんでした。イエズス会士が必要になるのはチェコ国内でしょうから。

――国内の、刑務所の中で、ですか。

A　まさに、そうです。イエズス会士は刑務所の中でよく頑張りました。教皇パウロ六世はグレアム・グリーンの小説に描かれたような、メキシコの教会弾圧を伴う政治情勢に鑑み、教会の地下組織を作り司祭を秘密裏に叙階する許可、いわゆるメキシコ許可を出したことがあります。今回それをチェコにも適用し、共産党政権のチェコスロヴァキアにも教会の地下組織を作り、秘密の叙階を行いました。そこで叙階された司祭は、刑務所の中、そしてウラン鉱山の中で、投獄された一般の人々と共に司祭として働きました。チェコの教会は政治犯として収容された人々を見捨てることはなかったのです。

話をもとに戻します。自動小銃を持つ兵士に囲まれていましたが、ボホスドフから一度、逃亡事件がありました。ただし私はその時すでにボホスドフにいなかったので、出来事については間接的にしか知りませんが。

逃亡事件の発端、理由は、収容所の指導部がクライツァー神父に興味を持ったことでした。彼は東方典礼の司祭でしたが、身に危険が迫っていることを知り、できれば逃亡しようと考えます。ボホスドフにいた経験のある修道士ヨゼフ・ストゥルミスカは、敷地内を熟知しており、居住区域から地下を通り、どうやって教会の地下室に行くかも分かっていました。クライツァー神父と共に逃亡をはかり、地下道を抜けて教会へ出、外でタクシーをつかまえ、駅に向かったそうです。そしてそれぞれ別の駅で降りて警官隊を巻き、二人はボホスドフから消え、点呼されても一日中姿を現さなかった。

二人は後に外国で再会します。クライツァー神父はローマの東方研究所で働き、ストゥルミスカ修道士はローマで神学を勉強したそうです。

——拘束された学生たちはその新しい状況をどのように受け入れましたか。

A　私たちは課せられた使命にたいする信念をもっています。今こそイエズス会を信ずるべき時であることは明白でした。力で押さえつけられようとするたび、それに対抗しようとする力が生まれる。共通の敵がいると人は結束します。

——夜中に逮捕された体験がトラウマになるようなことは。

A　逮捕されることは予想していました。問題は逮捕、拘束されるかどうかでなく、いつ、そうなるかでした。

——まず恐怖を感じませんでしたか。シルハン管区長の失敗を目の前にして。

A　思い出してみれば恐怖より、これからどうなるかという好奇心でいっぱいでした。事件全体が筋が通らなかったので、私たちを拘束する何の理由も警察は持っていなかったからです。

——シルハン管区長に対しても警察は証拠がなかったでしょう。でもあの当時、共産党警察が偽の証拠品を持ちこみ、逮捕者の住居に置く例は、よくありましたね。そのようにして巻きこまれることを恐れませんでしたか。

Ａ　シルハン神父はモンスタープロセスの重要人物でしたが、私たちは遙かに小さな役割を担っていました。当局はヂェチーンで証拠品、武器などを発見すると予想したのに何も見つからず、私たちをこれからどう始末するかが問題で、途方にくれていたようでした。ボホスドフの司令官は私たちに何か仕事をさせようとし、豚小屋まで作らされました。

年配の神父たちは若い者を守ろうとしてくれました。特に、ダッハウの強制収容所で五年間過ごされたフランティシェク・ニェメツ神父は、当局との交渉には入るな、すべて私に任せなさい、私はその道のベテランです、とおっしゃいました。実際、当局との交渉の舞台において、彼は主役としての役割を果たされました。

――ボホスドフの収容所でミサは許されたのでしょうか。

Ａ　異様な光景でしたよ。数人の司祭による共同司式のミサという形は当時まだなく、各自でミサを行います。忠実なブラザーたちは一人一人の司祭が各自ミサをたてられるように、ありとあらゆる場所に所狭しと祭壇を作り、毎日それらの祭壇で何十人もが一人一人朝食前にミサをたてます。監視員たちはどうすればいいか分からず、ただ唖然として眺めていました。

――思想教育は受けましたか。

Ａ　マルクス―レーニン主義の講義で、共産党国家は教会とうまくやっていけると教えられました。誰も真面目には受け取りません。私たちを陥落させようと次々に別の人がやってきました。仲間の弱そうな者を誘いこみ、こちらの考えを知ろうと、密告者を求めていたのです。情報を得ようとして、ブラザーの何人かに近づいてきました。

――鎖の弱い部分を探っていたのですね。

Ａ　しかしその話を持ち込まれたブラザーは修道会の目上に報告し相談しました。町の居酒屋に連れ出す、いいなりになる女性を紹介する等々です。そして神父たちは当のブラザーにどう対処するか教えたので、私たちの中へ入り込む策略はすべて失敗に終わりました。

しばらくして監視兵付きのトラックに幾人かのイエズス会士を乗せ、もとのヂェチーンの哲学院の建物に行き、そこに残った各自の所有物を集めてボホスドフに持ちかえってきました。ヂェチーンを訪ねた同僚によれば、哲学院の建物の上に大きな看板があり、そこに「隠れた反動分子を暴露する！」というスローガンが書かれてあったそうです。

私自身は数週間後に国外退去を命じられました。他のまだ誓願を立てていない修練者たちは再教育を受けて年の瀬に家族のもとに帰されたようです。すでに誓願を立てていて兵役を済ませていない者は、反動分子から構成される、武器を持たない強制労働部隊、ＰＴＰに徴兵され、そこで長い年月を過ごします。年配の神父たちはモラヴェッツに連れて行かれ裁判も行われないまま抑留され、死ぬまで暮らしました。ＰＴＰで任期を終えた者は俗世間に戻され、お互いの接触は許されていなかったのですが、内密に連絡を取り合い管区内に地下組織を作ります。しかしメンバーが集結した矢先、情報が漏れて全員が牢獄に入れられました。パヴリーク神父によれば、続く四十年の間にいろいろな刑務所で過ごした期間をメンバーの数で割ると、チェコ管区イエズス会士は一人平均七年半は投獄生活を強いられたそうです。

――ご自身は、それとは違う人生を歩まれましたね。

Ａ　逮捕から数週間後、家にハガキを一枚書くことが許されました。無事にやっているとだけ書きました。それを読んだ家族は私がどこにいるか、その時初めて知ったのです。家族はハガキを持ってオーストリア大使館に向かい、オーストリア当局はチェコスロヴァキアの外務省に問い合わせてくれたようです。やがて内務省に通達が回り、ある日ボホスドフに私を探す二人の私服警官が現れ、そして「三十分後に出発するから荷物をまとめるように」と言われました。

ボホスドフでの抑留中、石炭を運ぶ仕事をしていました。慣れない仕事で手にまめができ、それが潰れて汚れが入り、右手が敗血症になりました。病院で手術を受け、ちょうど添え木で固定したところでした。ボホスドフから出発する時、私は黒い修道服を着て、右手を包帯でつっていたわけです。負傷したかわいそうな神父を私服警官が連行するという、あれはなかなか面白い光景だったでしょうね。

――どうなるかお分かりでしたか。

A　国外退去になるだろうとは、うすうす感じていました。私だけを探していましたから。名前が呼ばれると、急いで先輩のピトゥルン神父を探しました。ボホスドフの抑留体験を黙っているように約束を迫られたらどうするべきかと尋ねました。神父は「約束はしてもよい。解放されたらすべてをローマのイエズス会本部に報告するように」とおっしゃいました。

――荷物をまとめる三十分で相談をしたのですか。

A　荷造りより大事な問題でしたから。以前ヂェチーンでヴォイテク院長の道徳哲学の時間に、嘘についての講義がありました。嘘とは自分の思うことと、あるいは事実と、異なることを言って相手との信頼関係を損なうことであり、だから十戒にも、嘘をついてはならない、とある。しかし、そもそも信頼関係の存在しない者同士の間では、嘘というものも成立しない、と。院長は相手との信頼関係への考慮を、嘘の定義の中へ繰りこんだのです。例えば真夜中にゲシュタポが家にきて扉をノックしたとしましょう。匿っている人の名前が告げられて「この男はいますか」と問われた場合、「います」と答えて逮捕に協力するのは裏切りです。「いません」と言うのが正しい答えでしょう。ゲシュタポに、神父が十戒を破るのかと言われても、お互いの信頼関係がないので嘘をついたとは言えないのです。
ピトゥルン神父からは、「オーストリアに着いたらイエズス会士に頼りなさい。でもローマへ着くまでの途中、詳細は誰にも話さず、直接ローマのイエズス会本部に報告しなさい」と助言されました。チェコの修道院がすべて閉鎖され修道者が抑留されてから、一番初めに国境を越えたのは私だと思います。西側諸国は東側で何が起きたか知りませんでした。

——ちょっと待って下さい。オーストリアへ連れて行かれると、分かっていたのですか。

A　いいえ。でもその可能性があったのです。私服警官が私だけを探していましたから。特別扱いになったのにはオーストリアの国籍が関係していたのでしょう。車に乗って出発し、窓越しに覗く景色からプラハに向かっていると分かりました。話しかけるきっかけに例のパスポートの話をしました。「逮捕の時オーストリアのパスポートを持っていると言ったら取り上げられた。ウーストニー・ナッド・ラベムにおそらく置いてきたままだ」と。すると「うっかり口に出す方が悪い」と撥ねつけられました。プラハのカレル広場に着き、聖イグナチオ教会の前を通り、裁判所の建物の一室に連れて行かれました。裁判所の担当者が護送して来た者たちに「この人のパスポートは」と尋ね、彼らが「ウーストニー・ナッド・ラベム」と答えると、担当者は「すぐウーストニーに取りに行って来い」と言いました。私服警官たちはパスポートのために引き返さねばならず、一方、私は裁判所の部屋にそのまま残ることになりました。

「どうしましょう。横になりたいですか」と聞かれ、もう暗くなっていたので、それはありがたいと答えました。しかしベッドに横になるなら監房にいれるしかないと言われ、遠慮することにしました。結局担当者は夜が明けるまで私とそこに座ったまま、私服警官がウーストニーから戻るのを待ち、翌朝パスポートが届きました。

――パスポートにこだわっている様子から、国外に出ると判断できますね。

A　ええ、オーストリアに行くだろうと、はっきり思いました。問題は、本当に私を自由の身にするかどうかです。当時オーストリアは四つの占領区域に分かれており、ソ連の占領区域に行けばどうなるか分かりません。カレル広場の裁判所を出る時、私がチェコスロヴァキア共和国にとって好ましくない外国人として追放処分にされ、二度と入国許可をもらえないという書類を渡されました。私は別の私服警官に引き渡され、オーストリアに向けて出発しました。

建物から外に出た時、ものは試しと思い、尋ねてみました。「近所に家族が住んでいます。病気の父がとても心配で、父は私が今どこにいるかさえ知らずにいます。駅に行く途中、家に寄ってもらえませんか」。すると驚いたことに「分かった」と答えたのです。カレル広場で路面電車に乗り、ヌスレを目指しました。

――路面電車のエスコートとはすごいですね。手錠はかけられたままですか。

Ａ　いいえ。左手で荷物を運び、右手は包帯でつっていましたから。司祭の格好だったので周りの人たちからじろじろ見られました。

――同行した私服警官は武器を持っていましたか。逃亡された場合に備えて。

Ａ　なぜ逃げるのですか、国外へ出られるというのに。

――それはそうですが、政権に対する反動分子だったでしょう?

Ａ　武器を持っていたかどうかは分かりません。いずれにしても使う必要はなかったでしょう。ヤロミール通りで路面電車を降りました。アパートの二階に上がりベルを押すと、母がドアを開けました。

――感動の再会ですね。

Ａ　ドアを開けたとたん、母は私を抱きしめて部屋の中に入れ、バタンとドアを閉めました。廊下に取り残された私服警官が、拳でドアを叩き始めます。「お母さん、一人じゃないんだよ。警察が一緒なんだ」と説明して中に入れ、家族に別れの挨拶をする間、彼は待っていました。父はシリングを少し持たせてくれました。病気で寝たきりで痛々しかった。
トイレにメッセージを残します。「もしローマからこれこれという挨拶の書かれたハガキが届いたら、ボホスドフのピトゥルン神父宛てに同じ言葉を書いた挨拶のハガキを送って下さい」と書きました。これは私が無事ローマに着いたこと、そしてローマ教皇庁からチェコに教会の地下組織を作る許可がおりた、ということを意味する暗号でした。出発の時、突然母は一緒に駅まで行きたいと言い出し、私服警官はそれにも反対しませんでした。三人で路面電車に乗りプラハ中央駅に向かいました。

――人情味のある対応は意外でしたね。

A　あの警官がどういう人物だったのか分かりません。あの時はそれを吟味する余裕がなかったのです。母とは駅で別れました。列車はチェスケー・ブディエヨヴィツェ、リンツを経由してウィーンに向かいます。混雑していましたが警官がバッジを見せるとすっと席が空き、迷惑そうな顔をされながら、客席を占領しました。

――何か話をされましたか。

A　私服警官は神について知りたがっていました。少しだけ彼にも福音を授けたつもりです。国境を越える際、列車が停車し、チェコスロヴァキア警察と税関が来ました。外貨を持っているかと尋ねられ、父親からシリングをもらったはずだと指摘されましたが、本当に少しだと答えると、そのままになりました。私服警官はその場で私にパスポートを渡し、国境のチェコ側の駅で下車します。列車が再び動き出し、ゆっくりと国境を越えました。私は自由の身になり、生まれ育った場所、幼い頃から親しんだチェコから、永久に追放されたのです。

我が故郷はどこに　　我が故郷はどこに
草原を横切り流れる大河の唸り
険しい岩山に生える松の木のざわめき
満面の春の花々に彩られる庭園
そこはまさしく地上の楽園
これぞ美しき大地
チェコの大地　　我が故郷よ
チェコの大地　　我が故郷よ

（チェコ国歌「我が故郷はどこに」）

第八章　雄羊は柵を跳び越える――一九五〇年秋――

――一九五〇年、チェコ共産党政権によるキリスト教修道者への弾圧が起こり、オーストリア国籍のためご自身はチェコから永久国外追放になりましたね。追放後、迫害状況を報告しチェコにおける教会地下組織設立許可を求めるため、ローマのイエズス会本部へ向かうことになります。

A　チェコ追放後、ウィーンに着いたものの、どこにイエズス会士が住んでいるかまったく分かりません。路面電車を使い、イエズス会大学教会周辺をぐるぐる回りながら探しましたが、いっこうに見つかりません。疲れ切った頃やっと一人、黒い司祭服を着た人を見つけます。荷物を持ったまま必死に追いかけて捉まえ、ウィーンのイエズス会の家を探していると言いました。彼は私の様子を見てまず自分の家に連れて行き、朝食を作ってくれました。それから快くイエズス会士の家へ案内してくれたのです。

ウィーンのイエズス会士たちは最初、逃げてきたという私に半信半疑で、本物かスパイか、その場では量りきれなかったようです。取りあえず客用のベッドのある部屋へ案内された私は、あっという間に眠りに落ちました。目が覚めると横にズデーテン出身のフランツ・ヴィルト修道士が腰かけています。元チェコスロヴァキア管区でブラザーをしていた人で、第二次大戦後、多くのズデーテンのイエズス会士と同様、オーストリアに追放されていました。本物のイエズス会士かどうか試すような質問をされ、本物と分かると私を町の中心部から連れ出し、イギリスの管轄区域にある別のイエズス会の家に移しました。そこのほうが安全だったのです。

食堂で大勢のイエズス会士たちと会い、何があったのか聞かれました。チェコの弾圧状況や教会地下組織設立許可をローマに求めに行くことを話そうと思えば話せましたが、しかし、ピトゥルン神父の「何も言ってはいけない。ローマに着いてからにしなさい」という言葉が心に残っており、ローマに着くまでは何も話しませんでした。その態度が皆に理解されたわけではありませんが、ある年とったイエズス会士が、「筋の通った人物だ」と言ってくれ、それ以上は追及されずに済みました。

――ウィーンからどのようにローマへ行かれたのですか。

A　一九五〇年当時、ウィーンはベルリンと同様、まだ第二次世界大戦の戦勝国、米英仏ソが分割占領していました。ですからオーストリアのパスポートだけではソ連の管轄区域を越えられないと言われました。ソ連の区域を通り抜けたいなら、当時オーストリア人が所持した、四か国語で書かれた特別な身分証明書が必要でした。身分証明書は再生紙でできた十六ページぐらいの小冊子で、それをソ連の兵士に見せるのです。小冊子に十三個の判が押してあれば通してもらえるそうです。写真を撮り二週間待っていると、ウィーンのイエズス会士の協力で小冊子を手に入れることができました。ソ連の管轄区域の兵士に判を数えてもらい、十三個あったので無事通過できました。

――ローマでようやく全部話したのですね。

A　ローマで列車から降り、まっすぐ東方教会研究所へ向かいました。そこはチェコ人のヤン・ヂェザッツ神父が副院長をされ、ローマにいるチェコのイエズス会士は彼のもとによく集まっていたのです。ヂェザッツ神父が会合の手はずを整え、指定された日に、私はスラブ諸管区の上部組織、スラブ・アシステンツィアの長、アントニン・プレシェレン神父と向かい合って座ることになりました。プレシェレン神父はクロアチア人で、大変大きな体格、そしてお顔も大きな方でした。

ラテン語での話の皮切りに彼は、「イエズス会士としてローマに行くには特別な許可が必要なことを知らなかったのか」と厳しい口調で尋ね、私はしょんぼりして「知りませんでした」と答えました。プレシェレン神父がユーモアのある方で人をからかうことも知らなかったのです。とたんに爆笑され、冗談だと気づきました。私は気持ちを立て直し、チェコで起こったことをすべて話すと、十ページぐらいの報告書にまとめるようにと言われました。

「ヂェチーンで哲学を勉強していたなら、次はミュンヘンの研究所がいいかな」とも聞かれました。でも戦後のある時期まで、ドイツ人とあまり関わりたくないと思っていましたから、きっとその気持ちを私の顔つきから読み取ったのでしょう。ミュンヘンではなくローマのグレゴリアン大学に、勉強したい学生のための空きはあるか、電話で問い合わせて下さったのです。空きがあったので、私はローマに残ることになりました。

――六月だとちょうど大学の夏休みが始まる時期ですね。

A　グレゴリアン大学の授業は終わっていました。夏休み明けに一年生の修了試験を受けて二年生に編入するか、一年生をもう一度やるかを選ぶことになり、一九五〇年秋、私は思い切って二年生への編入試験を受けることにしました。

――試験はラテン語ですか。

A　もちろんです。ローマの神学院は方々から神学生が集まる国際的な環境ですが、哲学コースはイタリアのローマ管区固有のもので、ポーランド人一人、クロアチア人一人、それに私の他は、すべてイタリア人でした。チェコ人のイエズス会士がイタリア語の教科書を貸してくれたので、その勉強に没頭しました。ラテン語とイタリア語は語彙が似ており、ラテン語からイタリア語にどのように発音が変化するか気づくと理解が進み、夏休みが終わらないうちにイタリア語が通じるようになりました。

試験範囲は存在論と認識論で、試験官はヂェチーンで勉強した教科書の著者でした。試験を受けたのは賭けだったと思います。十段階評価のうち、十の評価が一番良くて五だと落第です。私は何とか平均の八をつけてもらえました。二年目と三年目は一生懸命勉強した甲斐もあり九の評価をもらえました。

――グレゴリアン大学で八をつけてもらえたというのは、小学校の通信簿の成績よりも、ずっとすごいことですね。

A　私は八の評価を見て悲しくなりました。しかし、年を重ねてから気がつきましたが、成績なんて他の人は誰も気にしませんね。八の評価でも東京で哲学の教授をやっていけましたから。

――ローマに移ってからご自身の人生をどのように考えておられましたか。チェコにいた頃、はっきりと見えていたはずの方向性が、その時点ではどうなっていたのでしょう。ご自分を宣教師の卵と思いましたか。

A　初めて宣教師が視野に入ってきたのはチェコ、ヴェレフラドでの修練期の二年目です。十月の最後の日曜は当時、福音宣教の日曜でした。修練長は毎晩翌朝の瞑想のテーマを紹介しますが、その日曜の前の晩は私たちに海外宣教について話されました。

イエズス会のどの管区も固有の宣教地を持ち、人と支援を送ります。イエズス会チェコ管区は第一次大戦後、オーストリア管区から別れてチェコスロヴァキア管区と名乗り、オーストリア管区が中国で展開していた宣教活動の一部を肩代わりする交渉を始めました。しかし交渉が実らないうちに経済恐慌、さらに第二次大戦が起こり、オーストリア併合、チェコスロヴァキア保護領化と続き、チェコ管区固有の宣教地の話は途絶えました。

第二次大戦後、皆が立ち上がろうとしている時に再び中国での宣教の話が持ち上がります。修練長ズガルビーク神父は、数匹の雄羊が柵を跳び越えないと話は実らないだろう。雄羊に固有の宣教地の活動を担ってほしいと、くり返し言っておられました。私は瞑想でそれについてよく考えよく祈りました。そしてこれは今の私には関係のないことだと結論を出し、すこぶる納得していました。

――いや、私は正反対の結論を期待していたのですが。

A　私はチェコで生まれ育ちました。愛するこの国で友人と共に神に仕えながら働きたいと思いました。海外宣教への呼びかけは、このように私の中で途絶えました。ところがしばらくして、私の脳裏に小さな虫が動き始めます。この結論は本当に正しかったのか、宣教活動は自分には関係ないというのは、神に仕える正しいあり方だろうか、という疑いが動き始めたのです。

修練期間中は一か月に一度修練長に会い、自分の霊的生活について話す機会があります。クチェラ修練長に、この疑いについて尋ねました。修練長は私に、聖イグナチオ・デ・ロヨラの霊操にあずかる人が、自分の意志のありようを試す心理テストのようなものがある、と指摘しました。それは私たちが自分の生き方の中で、どの程度神のみ旨を受け入れる余裕があるかについてのテストでした。自分の傾向性の中に執着して離れないことがないか瞑想し、執着から自由になれないことに気づいた場合、こうした傾向性からの解放を神に祈らなければならない。しかしその時、まず自分の現状を認める誠実さが必要で、現状ではどうしても本気になって傾向性からの解放を祈ることができない場合、少なくともその祈りを誠実に行えるよう、神に祈ればよい。そのような指示が聖イグナチオの霊操にあり、クチェラ神父が勧めたのはこれでした。海外宣教は自分の任務ではないと思うが、これが正しい態度でもないと思う場合、こうした問題に自発的に正しい解決をもたらせるよう、神に願うべき、という勧めでした。私はその勧めに従いました。

——その結果は？

A 私はズガルビーク神父の話を思い出しては、自分も群れの先頭に立ち柵を跳び越えていく雄羊になれるような気になりました。イエズス会の管区長は一年に一度管区内のコミュニティを訪ね、一人一人のイエズス会士と話す機会を作っています。しかし修練院の学生には修練長がついているので、管区長との一年に一度の会話は簡単にすまされました。シルハン管区長が訪れた時、私は勇気を出して海外宣教地への派遣願いを口に出しました。イエズス会ではこのような願いは普通聞き入れられるようになっています。勇気を出して言った瞬間はとてもいい気持ちでした。私を再評価してくれると思ったのです。それなのに管区長は微笑みながら私の肩をポンと叩き、「物事には時期がある。この件は、また今度話そうじゃないか」と言うのです。冷たい反応だと感じ、クチェラ神父に愚痴をこぼしました。私が大真面目で頼んだのに、管区長は私をからかったと。クチェラ神父は預言的な言葉を発します。「もしあなたを神が本当に海外宣教地に送ろうと望まれるなら、たとえシルハン管区長が逆さまになっても、それを妨げることはできない」と言われたのです。

――宣教に向かうのに何か特別な準備はしましたか。例えば外国語を勉強するなど。

A　何もしていませんでした。若気の至りというか、ただ、自分がどれほど勇気があるかを楽しんでいました。後にローマのグレゴリアン大学哲学院でも、自分が宣教地に行く見通しを周りの皆に知られるよう、吹聴していました。

――オーストリアのイエズス会士と中国へ行くことをお考えでしたか。オーストリア国籍をお持ちでしたよね。

A　いいえ中国ではありません。というのは、私たちがチェチーンの哲学院にいた頃、当時のヤンセンス総長から全イエズス会士に向けた手紙が読まれたことがありました。手紙の内容は、日本は第二次大戦後、歴史上初めて宗教の自由を獲得した。戦前、日本は北ドイツ管区の宣教地だったが、ドイツは敗戦の影響で宣教の機会を生かせない。だからイエズス会の若者の中で日本に行きたい者がいれば、総長に直接願い出るように、というものでした。それはまったく例外的な措置でした。通常は総長との交渉は管区長を通してですが、今回は直接総長に手紙を書くという異例なことだったのです。しかし、その時の総長の手紙のために私の日本へ行く願いが燃え上がったのではありません。もう一つ、大きな要因がありました。

私がローマの哲学院にいた時、神学のコースに元広島教区の若い司祭、鎌田武雄神父が留学中でした。彼はイエズス会に入り、ローマでさらに勉強するためグレゴリアン大学へ送られ、私と同じ建物で学んでいたのです。そして日本への宣教師をあの手この手で促し集めていました。私の海外宣教地への情報をつかんだ時、彼はただちに私を見つけ、日本へ招きます。廊下で、二人とも習いたてのたどたどしいイタリア語で話しました。その結果、私は日本に行くなら二週間以内に願いを出さなければならないと言われていると思い、すぐ総長に手紙を出しました。数年後、鎌田神父と東京で再会した時、あの時の彼の言い分はまったく私の誤解だったと判明しました。

——宣教のため日本へ向かったのは誤解が原因だったと。

A　そうなのです。私は勇み立ってヤンセンス総長に要望を出しました。当時方々から大勢の若いイエズス会士が日本行きを志願して総長に手紙を送っています。第二次大戦が終わり、世の中が明るくなり、皆喜び勇んで踏み出した時期だけあって、先ほどの全イエズス会士に向けたヤンセンス総長の手紙は非常に大きな反響を呼び起こしていたのです。予想を超える膨大な手紙の洪水を捌きされず、結局総長は志願書を本人の管区長に戻し、管区長の意見を求めます。その結果、志願した若者のごく一部は日本に行きましたが、だいたいは管区長が様々な理由で反対意見を述べ、希望が叶わなかったのです。しかし当時チェコのシルハン管区長はモンスタープロセスにより投獄され、クチェラ神父の預言的言葉のように、逆さまになっても私に関する情報も反対意見も一切届かず、その結果、二週間で簡単に総長から承諾の返事がくることになりました。

このように私の海外宣教は、誤解と偶然が重なり日本へ派遣されたようなものでした。でもそのような経過には一つだけ大きな利点がありました。日本について夢も冒険的幻想もなかったため、逆に失望することもなかったからです。しかし正直なところ、私は一生のうちで一度もあの時の決断を後悔したことはありません。

——日本について何かご存知でしたか。

A　まったく何も知りませんでした。ただ、皆が『長崎の鐘』という映画を見ていました。「なぐさめ、はげまし、ああ、長崎の鐘が鳴る」という美しい主題歌がありますね。カトリックの医師の話です。長崎に原爆が落ちた時、ちょうど市外に患者を診察に出かけており、帰ってきたら町が消えている。家族もいない。自分も被曝し、残りの人生を自分の被曝症状を綿密に書き残すことに費やしたという、医師永井隆の実話だそうです。

イエズス会では毎年各管区でカタログを作り、一年間の管区情報をローマへ送り、また互いに交換することになっていました。私は日本管区のカタログを入手しました。日本の宣教活動はもともとドイツが担当していたが、敗戦によりドイツ管区から独立した準管区になっていました。第一次大戦前に創立された上智大学が第二次大戦後、国際的支援があり、目覚ましい発展をしていることが印象に残りました。

――日本へ行く準備は。

A　私は哲学の修士号で手一杯で、英語の勉強が唯一の準備でした。

――ローマでの勉強は、ある意味でヂェチーンのコースに似ていましたか。

A　ヂェチーンでのコースが、むしろグレゴリアン大学のコースに似ていましたね。グレゴリアン大学のカリキュラムを真似たものでしたし。

ローマではチェコのイエズス会士の支援を受けました。東方教会研究所のシュピドリーク神父は、あの当時まだ若い司祭で、冗談好き、駄洒落をよく言う方でした。一方、哲学的神学をグレゴリアン大学で教えていたのはコヂーネク神父です。気難しいけれど優しい方で、常に何かを嘆いておられました。私が日本に発つお別れの時、コヂーネク神父は私を見送る愛についての詩を書き、気難しい表情のまま朗読されました。海外宣教地へ向かう非常に涙ぐましい詩でした。当時、海外宣教に出かける宣教師たちは二度とヨーロッパへ戻らなかったのです。お気持ちは分かりましたが、私は思わず噴きだしてしまい、申し訳ないことをしたと思います。

――どの先生の言葉が心に残りましたか。

Ａ　ベルギーのルーヴェン・カトリック大学に、トマス主義哲学をカントの批判の立場からどう捉えるか、また逆にカント解釈をトマス主義ならどう見るかといった問題に取り組んでいた、ヨゼフ・マレシャルがいました。学生だけでなくチェチーンの先生方もマレシャルに同調しておられ、私もギムナジウムで勉強した拙いフランス語で、マレシャルの著作を読み始めました。ローマではマレシャルはあまり好まれない思想家で、新スコラ主義が唱えられていました。ただ、ローマのグレゴリアン大学の先生の中にベルギー人のジャン・ドラノワ神父がいて、哲学的心理学を担当していましたが、彼は公に発言されなくても、心底マレシャルの弟子で、私の心に残りました。哲学的神学を担当されたフランス人のレネ・アルヌ先生も大変尊敬申し上げていました。

――グレゴリアン大学の勉強のレベルはチェチーンより高かったのですか。

Ａ　チェチーンにおられた先生方の多くがグレゴリアン大学を卒業されています。無論、ローマには遥かに良い図書館があり、教授の中には少数ながらドイツ人、フランス人、ベルギー人、イギリス人の先生方もいらっしゃいます。基本的には北ボヘミア教区の小さな学校より良い環境でしょう。ただし、ローマは講義でもゼミでも二百人ほどの学生が教室にいます。チェチーンのほうが先生方と身近に個人的に勉強について議論できました。

――夏休みはどのように過ごされましたか。

A　今の学生たちは方々に散っていくようですが、当時は皆、夏休みを一緒に過ごしていました。ローマから南東に行くとブドウ園で有名なフラスカーティの町があります。カステル・ガンドルフォの町には教皇の避暑用の別荘もあります。ほど近い所にイエズス会の寮付きギムナジウムがあり、そこはイタリアの貴族の子供たち用に建てられたものですが、彼らが夏の間いないので、私たちが施設を使って夏休みを過ごしたのです。夏中ずっとギムナジウムの寮で過ごしました。最初の二週間は大休暇で、本当の骨休めとして十戒のみが適用されました。しかしその後の夏の残りは勉強の時間も入れ、夏休みを共同で楽しみました。

海に泳ぎにも行きました。神学を勉強していた仲間に一人の貴族がおり、彼の叔母がプライベートビーチを持っているというので、砂浜を使わせてもらいました。砂浜から地雷が全部撤去されていないから気をつけるようにと言われました。爆発はしませんでしたが。

夏休みに出かける前、総長から私たちイエズス会士に、夏休みをどう過ごすべきか手紙が届きました。今の若者は遊び方も知らないだろうという、お心遣いから頂いたものでした。その手紙によると、海で泳ぐ場合は一日に一回だけとし、水着は全身を覆うワンピース型を使うようにとのことでした。これはしかし、私たちのローマ修道院にとって思わぬ惨事でした。イタリア人の院長が皆のために普通のヨーロッパ式の男性水着を買ったばかりで、もう一揃い別の水着を買う予算がなかったのです。

——総長は北海の冷たい海流が入るベルギー出身の方なので、一日一回だけ泳ぐことを勧めたのでしょうか。
A　後にフランクフルトの神学院で、ドイツ人の教会法の先生が私たちに、一般的規則はどのように各国の民族の特殊性にあてはめられるか、という冗談めいた説明をされました。
彼曰く、もしローマで八十センチ飛び上がれ、と命令が出れば、ドイツ人は杓子定規にしかも更に厳格に解釈してノルマを百センチと考え、理不尽さに対して怒り、反対運動を始めます。一方イタリア人は命令を快く受け入れて口々に褒めそやし、その命令を徐々に近づくべき目標と解釈します。それはすばらしい目標で、これからそこに向かい皆で邁進して参りましょうと、一センチも飛ばずに頷きあいます。そしてフランス人の対応は、まず命令の文章をフランス語に訳さなければ話にならない、と考えます。そして翻訳すれば、どんなさし障りも消えてなくなる、というわけです。

——で、あなた方の海での泳ぎはどうなりましたか。
A　イタリア人のローマ神学院院長は、目上の規則に従って院長が毎日自分の務めをどのように果たしているか説明されました。毎日三十分反省するようにと定めてあれば、一日おきに一時間それにあて反省してもよろしい。これを総長の手紙に応用すると、私たちは毎日海に行き一回海に入るか、あるいは一日おきに行き二回海に入ることも可能です、と。

海までの四十キロの道のりを貨物自動車に乗って行くのですが、一度に全員は乗れず、二つのグループに分かれて一日おきにビーチに通いました。

——そこで二度海に入ったのですか。

A　そうです。午前中いっぱい海で遊び、昼食をとり、あと午後いっぱい海に入る。

——なるほど。

A　まさに、なるほど、ですよ。私にとってこれは、ローマからの規則をどうやって皆が満足いくように受け止めるべきかの、すばらしい実例講義でした。実際にカトリック教会の中でどのように生きていくか、一生のために学びました。ちなみに水着については、「海で泳ぐ間は全身着衣すべき」に則り、イタリア人の院長が買ってくれた普通の水着を着、海に入る時だけ上に肌シャツを着ます。もちろん水から上がる時には脱がないと風邪をひきますが、これで命令を守ったことになります。

夏休み中の指導責任者はヴェレトラニ神父で、大変寛大な方でした。イタリア人の学生たちが彼の歌を作り、皆でメロディを口ずさみます。あらゆる角度から彼を褒めそやし、水泳の話だけオチがつく歌詞です。とても喜んでくれました。私たちは元気になってローマに戻り、すばらしい休暇が終わりました。

――ローマでチェコ人学生寮のあるネポムツェヌ神学院と連絡を取りましたか。

Ａ　修練院に入る前、イタリアを旅行した際に、ヤルダ・ヴァンチュラとネポムツェヌを訪れたことがあります。今回ローマで二年過ごす間、そこに宿泊しているチェコの神学生たちとも付き合いました。彼らはグレゴリアンでなくラテラノ大学に通っていたので普段は会えませんが、チェコ人が集まる行事では顔を合わせました。

――チェコからのニュースはなかなか届かなかったのでしょうか。

Ａ　私たちはチェコの共産党政権が速やかに崩壊することを望みましたが、現実は逆に、日増しに悲しむべきものとなりました。国からの情報はほとんど届きません。ラジオ・フリー・ヨーロッパ（自由欧州放送）はアメリカの放送局で、西側の出来事についての報道はありがたいのですが、東ヨーロッパの情報は皆無に近いものでした。

後に一九五六年のハンガリー動乱の時、フランクフルトで神学を勉強していた私は、この放送局のアナウンサーが戦い続けるようハンガリーの人々を懸命に激励する放送を流すのを聞き、不思議に思いました。当時西側が軍事的に介入しないのは明らかで、蜂起が無残な結果に終わるのは目に見えていたのに、なぜ放送局は人々を煽るのか。

ソ連が戦車でこの蜂起を潰した後、フランスの知識人が大量にフランス共産党を脱退しました。サルトルはソ連について、「唯物論は思考を現実に従属させるべきなのに、ソヴィエト政権は逆に現実を党の思考に従属させるため戦車を送った。これはイデアリズムだ」と批判しました。

——ご家族はもうウィーンに移っておられましたか。

A　一九五〇年六月に私はチェコを追放され、ローマに着いてからすぐ、家族に安否を知らせました。検閲で手紙が開けられるのは分かっていましたが、オーストリアのイエズス会士経由で手紙をプラハに送ってもらいました。家族に迷惑をかけないよう、ローマにいることは書かず、含みのある言葉を使ったためインスブルックにいると思ったようです。私が拘束されておらず、勉強や自分の好きな仕事をしていると知り安心したそうです。両親はチェコからウィーンに移る計画を立て、役所に申請しました。以前お話ししたような事情で、父もチェコで生まれ育ったにもかかわらずオーストリア国籍だったため、許可が下りました。一九五一年、両親がウィーンに引っ越した頃、私がイタリアで日本に旅立つ準備をしているとは想像もしなかったでしょう。

——がっかりしたでしょうね。

A　どうなのでしょう。チェコスロヴァキアより自由な世界ですから、そこにいるほうがましと思いますが、母に限ってはウィーンの暮らしが幸せではなかったようです。年をとり生活環境が変わったウィーンの生活に適応できず、翌年亡くなりました。

――チェコから追放処分になった後、ご両親と会う機会がありましたか。

A　日本への海外宣教前の二週間の休みを利用して、一九五二年の七月に両親とウィーンで再会しました。ところがそれから一か月経たないうちに、例の夏休みを過ごしていた場所に、母の危篤を知らせる電報が届き、ただちに列車でウィーンに向かいます。間に合ったのは母の葬儀だけでした。それからローマに戻り、荷造りをして列車でマルセイユまで行き、日本へ向かう船に乗りました。日本に着いた時、兄から届いた最初の電報には、父が亡くなったとありました。母と一か月違いでした。父は長い間病気を患い、母を頼りにしていました。母の葬儀の時は生きる意志をなくしたように非常に弱っており、痛ましい姿でした。それでも私に、ここに残り日本に行かないように、とは言いませんでした。私のことを思う父の気持ちに、胸が熱くなりました。

――あなたに自由に生きてほしかったのですね。

A

本当は父も母も臨終に私がそばにいることを望んでいたに違いないのですが。

第九章　鉄の船窓を閉めろ――一九五二年夏――

――一九五〇年、チェコ共産党政権のキリスト教弾圧によりチェコから追放され、中断した哲学をローマで学ばれた後、一九五二年、日本への宣教を志願されました。ロマンティックな幻想をもって日本へ向かわれたわけではありませんね。

A　将来の具体的な計画はありませんでした。日本へ向かう船旅の途中、世界を巡りながら様々な港に停泊したのは刺激的でもあり不安でもありました。夏服を着て、東南アジアでこれまで縁のなかった見知らぬ世界を眺めていると、そこに私の言葉の通じない人々、何をして何を考えているか想像もつかない人々が行き来している。入り込む余地もないような、よそよそしい世界の端に立ちつくし、ここに私も入っていけるのだろうか、一体ここでどうするつもりか、何をしに来たのか、と不安でした。

――船が先に進むほど、ヨーロッパから何もかも離れる気がした。

Ａ　ええ。私の支えになったのは、神の計らいがあるなら、神はそこから良いものが生まれる術をご存知だろうという思いでした。船旅は一か月のホテル生活のようで、エコノミークラスでしたが、昼と夜の食事にはテーブルに赤ワインが置かれます。フランスの船だったことは明らかでした。こうした旅は当時飛行機より安上がりで、フランスの船は宣教師には特別に割安になるため、船は宣教師やシスターでいっぱいでした。船室では二人のドイツ人イエズス会士と一緒になりました。ウォルター・ドレガー神父はヨーロッパで神学を修めた後、日本に再び戻るところで、もう一人のヨゼフ・フィルハウスは私同様、哲学を終了したばかりの学生でした。あと一人、日本人が同じ部屋にいましたが、言葉が通じませんでした。

私たちはマルセイユを出発し、三日かけてスエズ運河に着きました。その前に地中海でちょっとした故障がありました。突然船が激しく振動し、エンジンが止まったのです。エンジンがかかると再び激しい振動が始まります。船の三つのスクリューのうち一つが損傷したようで、シンガポールの乾ドックで修理するまで二つのスクリューで航海を続けることになりました。二つのスクリューでも船は平常通り動いていました。

スエズ運河で一度降りてピラミッドまでのバスツアーに参加する人々もいましたが、私たちはお金がなく、ずっと船の中に留まっていました。ドレガー神父は同じ旅程を二度経験して要領が分かっており、乗船するとすぐ私たち三人のために船室後方の折りたたみキャンバス椅子を登録し、自分の名前が書かれた椅子で休むことができるようになりました。そこに座るとスエズ運河は見えず、総排水量一万三千トン級の巨大な船が動くのが見えます。六階建ての巨大な船舶です。寝転んでいては運河は見えず、水を見ようと思えば船の端まで行き、身を乗り出さなければなりません。ドレガー神父の親戚にライン川の船の舵取りがおり、そのせいか神父はフランス人の操舵手が下手くそだとしきりに文句を言っていました。その下手な舵取りでアフリカにぶつからないよう、船はスエズ運河をゆっくりと進んでいきました。私は駱駝の背に乗っているような気分で、椅子に腰かけ砂漠を眺めました。砂漠は船の右にも左にも広がっています。その時初めてはっきりと異国情緒といわれるものを感じました。

あの当時フランスの植民地だったジブチの港町で、フランスの船は安い値段でナフサを積みます。上陸するとお客の身の安全を保障できないと言われ、私たちは船に留まることにしました。それでも小さなボートが船に近づき、果物や野菜やその他いろいろな物の売り子たちに取り囲まれましたが。

インド洋に出た時には季節風の匂いがしました。風はずっと吹き続け、船の揺れが止まりません。エレベーターのように七十センチ上がり停止したかと思うと、また七十センチ下がり、しばらくするとまた上昇する。このくり返しでした。数時間で気分が悪くなりました。

――船酔いですね。

A　船酔いは旅の途中ずっとつきまといました。気分が悪くなり吐き気がし、段々ひどくなる。ベッドに横になれば治りますが、何時間も何日も何週間もそれが続くと、死にたいとさえ思うようになります。私は普段は甲板の折りたたみ椅子にいるか、客室のベッドで読書をして過ごしました。

一等船室にはローマ教皇大使が乗船されていました。一人のドイツ人の神学生が教皇大使の毎日の自室でのミサのお手伝い、ミサごたえをしていましたが、船酔いで動けなくなりました。ちょうど若いスペイン人の神学生たちが同じ一等船客の中にいました。彼らはマニラに向かう乗船切符の手違いで部屋がなくなったため、マルセイユで一等船室に移ってきたそうです。しかしイタリア人の教皇大使はスペイン人神学生のミサごたえをきっぱりと断り、その結果、私が毎朝その豪華な部屋にミサごたえに通うことになりました。朝、大使に仕える務めが終わると、私たちエコノミークラスの朝食も終わっていました。

——陸には一度も下りなかったのですか。

A　スリランカではコロンボに停泊し、船が荷物の上げ下ろしをする二日間、滞在しました。船の出帆時間だけ確かめ、町を気ままにぶらつき、近くの山にある寺院や大仏も訪れました。スリランカにはヒナヤーナというインドの小乗仏教が古い形で残っています。インドでは衰亡し今日ではヒンズー教の一種の異端とみられているものです。寺では横になった巨大な仏陀像に出合いました。これは死にゆく仏陀で、涅槃の境地に達しつつある姿だそうです。寺にはヨーロッパ人が原住民を殺害する壁画もありました。

——植民地のシステムが崩れてきた時代でしたね。

A　ほとんどの植民地が第二次大戦後、独立を果たします。スリランカと名乗り独立したセイロン島もそうでしたが、原住民を残酷に搾取するヨーロッパ諸国の植民地主義が崩壊する過程において、混乱の中で多くの人々が傷つきました。私はあの当時これらのことを、ただ唖然として眺め、それについてどう考えるべきか分かりませんでした。船はコロンボから直接シンガポールに向かい、赤道を越える時に小さなパーティーがありました。

シンガポールで乗ってきた船が修理のため乾ドックに入り、船のスクリューが見えました。三つの羽のうち一つがなくなっており、羽は私の背丈より大きなものでした。シンガポールでは三日間停泊します。現地のイエズス会を訪ね、市内を案内してもらい少し歩きました。後年飛行機の乗り継ぎをした時とはまったく違う町でした。

今ではシンガポール全体が美しい植物園のようになり、道でタバコの吸い殻を捨てたら五百シンガポールドルの罰金、壁に落書きしようものなら体罰だそうですね。体罰の執行人は中国武術の達人で、違反者は一生お尻に傷が残るといいます。体罰の後、病院で治療を受け、二度と落書きはしないそうです。ヨーロッパではこのような発想はありません。というのは、ナチスや共産主義の強制収容所で行われた残酷で非人道的な体罰を思えば、体罰を町を美しく保つ手段にするなど、考えられないからです。

シンガポールでアメリカの若者が車にスプレーで落書きしたことがあります。彼は捕えられ六発の鞭打ちが決まりました。判決は国際問題に発展します。クリントン大統領がアメリカの市民にこのような罰は認められないと言い出したのです。シンガポールは、自分たちはアメリカの植民地ではないから自国で判断して処罰すると回答しました。しかし国際的な非難の高まりを受け、刑を三発に緩和します。若者は実際に刑を受けたようですが、これでお金持ちになりました。この体験を本にしたところ飛ぶように売れたということです。しかし極端に美しい現在と異なり、一九五二年のシンガポールは美しさも汚れも併せ持つ、どこか懐かしい、東洋風の町でした。

——そして戦争の名残として、きっと貧しかったでしょう。

A　シンガポールにはもとはイギリス人が住んでいました。アジアにおける軍事的重要拠点で、難攻不落の港と考えられていたようです。実際、海からは難攻不落でしたが、第二次大戦中、日本軍はジャングルを通り後方を突きました。イギリス軍が不可能と判断していた作戦です。

私の同僚の日本人イエズス会士で、後に管区長になった林省吾神父は、兵士としてシンガポール攻撃のため、マレー半島のジャングルを進軍した一人です。戦前、彼はイエズス会に入会する準備をしていましたが、入会前に徴兵された時、当時修練長だったペトロ・アルペ神父に、戦争で捕虜になった場合の身の処し方を相談しました。帝国軍人はいかなる場合も捕虜になってはならない、捕虜になるくらいなら自害せよ、と命令されるからです。林はカトリックの要理教育で、自殺は神のみ心にそわないと学びました。アルペ神父は「神はあなたをそのような場に立たせない、と確信しなさい」と答えたそうです。

――そのような体験は司祭になるいい準備となったかもしれませんね。

A 日本は戦争で何百万もの兵士を失いますが、生き延びた人々の中で、後にイエズス会士になった人もいます。アルペ神父の修練院には退役軍人が集まり、見事な顔ぶれでした。大木章次郎は戦争中潜水艦の艦長でしたし、理論物理学者の柳瀬睦男は戦線には送られませんでした。日本の国家としての将来を考え、すぐれた人物を残しておきたかったからでしょう。哲学者の今道友信も同様な理由から、戦線には送られませんでした。アルペ神父はそうした人々を大変厳しく育てました。

――船はだんだん日本に近づきますね。

A シンガポールからサイゴンの港に向かいました。町は海から数十キロ離れており、船は護衛されながら高潮を待って川を遡って行きました。川沿いのジャングルはゲリラ部隊の勢力下にあり危険ということで、私たちは甲板の下に降り、船体の外側に面した鉄の船窓を閉めるよう命令されました。こっそり外を覗きましたが、護衛してくれるフランスの小型砲艦が見えるだけでした。頭上には戦闘機が飛んでいましたが、撃ってはきませんでした。目的地に着くと楽隊に賑やかに歓迎され、それを眺めていた時、驚くべきことが起こりました。突然、足元から泉が湧き出るように、私たちが乗っている船の中から大勢の外人部隊が現れたのです。同じ船にいたのに、それまでまったく彼らの存在に気づきませんでした。

――ずっと隠れていたということですか。

A ええ。甲板に出ることはもちろん、港で停泊中の上陸も許されなかったのです。中には恐らくナチスの戦争犯罪を告発する軍事裁判から逃げてきた戦争犯罪者もいたでしょう。当時告発を逃れる唯一の道がフランスの外人部隊でした。この部隊に入れば名前も過去もすべて消去され、まったく別の人生のスタートをきれます。外人部隊の兵士たちはフランスのために戦い、この数年後、ディエンビエンフーで生命を捨てる権利を得たわけです。

――あなた方には、そういう歓迎はなかったでしょうね。

A サイゴンのカトリック信者の方々は船に乗っていたすべての宣教師を招待して盛大なパーティーを開いてくれました。サイゴンの町は小さなフランスのようで、広い並木道や美しい大聖堂がありました。

――でもサイゴンはもう共産主義の脅威が迫っていた時代でしょう。

A どのようなやり方で共産主義がひろがっていくか、この点だけは、チェコ出身の者は経験からいろいろと学びました。チェコの例、オーストリア、イタリアの例も目の前にありました。なるほどイタリアの共産党は選挙で敗れ抑えられましたが、当時ソ連が一歩ずつ東ヨーロッパの国を共産圏に組み入れ、自国の衛星国に変えつつあったのです。

アジアでは南北ベトナムが争い、朝鮮戦争も勃発していました。朝鮮戦争はアメリカにとってある種の名誉ある終結をみました。多くのアメリカ兵が死にましたが、帰国した兵士は温かく迎えられた。

しかしその後、ベトナム戦争でアメリカは間違いを犯しました。戦争にマスメディアを参加させたことです。戦争の非人間的な面がテレビの画面に流れ、世界中の人々が見ることになった。写真報道が発端となり世界中に反米キャンペーンが起こります。私たちは後に日本でベトナム戦争の成り行きを見届けました。このような写真報道のおかげで、アメリカ合衆国の世論はベトナム戦争を、アメリカ政府の支援する腐敗した南ベトナム政権に対し、南ベトナムの民衆が立ち上がった内乱のように捉えていました。民間人が死ぬ映像がテレビに流れたのが大きかったのでしょう。一方、共産主義の側の非人間的側面は情報統制もあり、テレビに流れることなどありません。

ベトナム戦争ではジャングルでのゲリラ戦に耐えるため、麻薬が常用され、兵士は素手で人を殺す技術を習いました。戦後、生き残ったアメリカ兵は敗戦の辛さ、戦争の虚しさをかみしめ、麻薬にも依存していました。帰国しても称賛されることもなく、さらに麻薬依存を深めます。あの頃からアメリカの治安が急速に悪化したように思います。

――退役軍人の帰還が治安悪化の原因とおっしゃるのですか。

A　もちろん唯一の原因ではありません。ベトナム戦争以前にもアメリカにはマフィアやギャングがいましたが、多くの場合お互いを殺し合っていただけです。ベトナム戦争の負の遺産として、アメリカの路上に犯罪者がたむろするようになります。アメリカは軍需産業以外、自国民にとっては利益のもたらされないベトナム戦争に関わり、失敗しました。

――共産主義の拡大を恐れていたのですね。

A　ベトナムで進出を止めないとドミノ現象が起こると考えました。ちょうど共産主義が東ヨーロッパ全体を席巻したのと同じように東南アジアに広がることを恐れたのです。不幸中の幸いでロシアと中国が手を組むことはありませんでした。もし二国が手を組んでいたら、最悪の事態は避けられなかったでしょう。

――ところで、ベトナムには外人部隊のほかに若干の宣教師たちも上陸したようですが。

A　フランス人の宣教師はほとんどがサイゴンで船を降りました。もう一つの大きな宣教師グループが船を後にしたのはマニラで、彼らは中国を目指した宣教師でした。中国は一九五二年に閉鎖的になり、毛沢東は外国人宣教師を追放し、中国人の司祭たちを弾圧しました。外国人宣教師たちはフィリピンのマニラへ逃げ込みます。

当時のマニラの港を思い出す時、目に浮かぶのは、広がりゆく夕陽のバラ色の光の中に、沈んだ船のマストが黒く何本も突き出ている光景です。

――アメリカが沈めた日本の船ですか。

A　いいえ、両方です。最初は日本が沈めたアメリカの船、そこに後からアメリカが沈めた日本の船が加わったのです。

マニラで船が停泊した時、私たちは中国から追放された宣教師と中国人神学生の、マニラでの拠点を訪れました。戦争中捕虜収容所だった小屋の一群に神学院はありました。地面は湿原のようで、東南アジア風に高床にした小屋と小屋が木道でつながっています。日本がアメリカ人捕虜用に作ったのか、アメリカが日本人捕虜用に作ったかは不明でした。私たちは船に宿泊していました。

――フィリピンは、アジアにあってキリスト教が盛んですが、これにはどういう背景がありますか。

A　フィリピンはスペインの植民地として開発されました。スペインはコロンブスの時代と同じように西に向かい、東に向かったポルトガルと地球の反対側で衝突しました。そこでローマ教皇は、スペイン人、ポルトガル人の間で世界を二つに分け、スペイン人は西に向かいフィリピンまで、ポルトガル人は東に向かい日本までと決めました。フィリピンはスペインの植民地となり、アジアでは唯一のカトリック国となりました。しかしそこにはもちろんイスラム教徒も共存しています。

――スペインは中南米でも宣教を成功させますが、何か秘訣があるのでしょうか。

A　ポルトガル人は商業的に成功すれば満足していましたが、スペイン人は植民地の住民の中に入って行き、そこで結婚して混血児が生まれたりする。その違いでしょうか。今日でもフィリピンの上流階級の家庭ではスペイン語が話されています。もちろん英語とタガログ語の他にです。

インドネシアでは多言語から共通語を作るため、地元の簡単な言語を取り上げ、そこにヨーロッパの語彙を取り入れてインドネシア語が生まれました。フィリピンではタガログ語ですね。簡単な言語から転じたので、イエズス会宣教師たちはインドネシア語を身につけ、文学者のように活躍しました。その一方、ヨーロッパ人が日本語を習得するのは困難でした。日本語はあまりに複雑で昔からの文化的伝統を背負った言語だからです。

――ではもう長い旅は終わりに近づきますね。

A　いやいや、とんでもない。私たちはアジアの距離について錯覚を起こしています。ヨーロッパの学校の地図は東南アジア全域を一つの地図にまとめていますから、フィリピンから日本までの距離感が分かっていません。私たちの東京の修道院に大きな地球儀があって、あるとき、地球儀に糸をあてがい、東京からシドニーまで測ってみました。同じ糸をヨーロッパのほうへのばすと、カリーニングラードまで届きました。アジアは途方もなく大きいのです。マニラから日本まではまだ長い道のりがありました。
東京に着く前、さしあたり私たちは香港に着きました。当時はイギリスの統治下で、イギリスは島を九十九年間、借り、付近の陸地も買い足していました。香港は世界でも指折りの美しい港です。夜はもう絶景です。ケーブルカーで山の上まで登り湾全体を眺めると、町が光に覆われ、美しい光の海を見ているようでした。日本の函館でも似た光景に出合いました。函館は山と海が隣接する町です。夜、イカ漁の船が強い光でイカをおびき寄せ、それが幻想的な光となり、眼下に広がっていました。

——今回の目的地は決まっていましたが、途中、心の迷いはなかったのでしょうか。日本よりも住みたいと思うような国に出合ったことは。

A　あなたがまとめられたご本で、南アフリカで宣教活動をしたチェコ人宣教師チージュコフスキーについてのものがありますね。アフリカで彼がどこを見ても魅力的に感じ、新しい土地がどれほどそのチェコ人宣教師を魅了したかが書かれていて、私はその部分を大変面白く読みました。しかし私自身は旅の途中、どこにいても大きな距離を感じて、これほどの文化的なへだたりを越えられるものだろうかと不安を抱いていたため、新しい土地に魅了されるまでには至りませんでした。
香港で船が数日停泊している間、ポルトガルの植民地マカオに出かけました。マカオは小さな半島で、中国本土とは半島の端の狭い部分で結ばれているだけです。要塞の入口に壁と門があり、ヴィシェフラド城の門のだいたい六倍の大きさです。門のこちら側はポルトガルのマカオ、向こう側は中国で、ポルトガルの兵士と中国の民兵が門の両側に立っていました。マカオは極東におけるポルトガルの商業拠点です。町は植民地時代の過去を誇りにしており、町の紋章には「マカオよりもポルトガル王に忠実な町はない」と書かれていました。以前は大きな大聖堂があったのですが、今は大聖堂の表側の正面の壁だけが残っています。あの当時、マカオは世界で指折りの金の取引所でした。金取引の国際協定に入っていないため、世界中の金の闇取引が集中していたのです。やがて香港から三日かけて、私たちは横浜に着きました。

――同室の日本人とは話せなかったと先ほどおっしゃいましたが、例のドレガー神父はきっと途中、日本についていろいろ話されたでしょうね。

A その一か月の旅では、主にスカットというドイツのトランプをしていました。このゲームには三人必要なので、私に強引にゲームを覚えさせたのです。日本人は参加したくなさそうでした。そういうわけで、多少日本の話も聞きましたが、あまり文化的雰囲気ではなかったのです。ただ、日本語は私にとってまったく未知の領域だったので、ドレガー神父が同室の日本人と無造作に日本語で話していたのは、とても印象深かった。外国語はその国で習うのが一番ですから、なまじ勉強を始めていなくてよかったと思います。しかし漢字習得など、想像を絶する日本語学習の強行軍が、この後私の前に待っていました。(この日本語学習の苦労談は「第一章　八十一番目の漢字」で語られています。)

第十章　大学紛争と神学院内の訝――一九六八年――

――一九五二年に初来日され、日本語学習と宣教師としての実務活動を終え、一九五六年秋、神学を修めるためいったんドイツのフランクフルトに戻ります。そして神学などを修了後、上智大学で哲学を教えるため、一九六一年、ドイツから二度目の日本に向かいましたね。しかし東京に着いてみると現実は少し違ったのでしょうか。

Ａ　一九六一年、フランクフルト出発前に日本管区からいただいたお手紙には、上智大学で哲学を教えることになるが、住居は上智の四谷キャンパスにあるイエズス会の建物でなく、一時的に教区の神学院になる、と書いてありました。この東京カトリック大神学院は教区の司祭を養成するための神学校で、哲学院（神学院の哲学部）と神学院（神学院の神学部）から成り、それぞれ千代田区番町と練馬区関町に教室、住居併設の建物がありました。第二次大戦前はパリ宣教会が神学生の教育を担当し、戦後はイエズス会がその任を引き継ぎました。パリ宣教会の最後の神学院長カンドゥ神父は現在も高く評価されています。
教区の司祭志願の神学生は、最初に哲学を学び、次に神学を学びます。当時、上智の四谷キャンパスに近い番町の哲学院の建物に、哲学を学ぶ神学生約八十人が住み、そこから十キロほど離れた練馬区関町の神学院の建物に、神学を学ぶ神学生約六十人が住んでいました。なぜ私の住居が四谷キャンパスのイエズス会の建物でなく、番町の哲学院の建物になったかは、到着して分かりました。当時番町で教区の神学生の教育にあたるのがスペイン人ばかりだったので、私がそこに一時的に加わることで「国際性」が保たれると管区長は考えたようです。

――「一時的に」というのはどれぐらいの期間でしょうか。

A あの時の私の状況について優れた解説をしたのは年寄りのイエズス会士でした。彼は日本司教団の顧問をしており、若い私に言いました。
「イエズス会で管区長が人を送り込み、ここを自分の一生の務めと考えなさい、と言ったら、荷物を開けなくていい。すぐまた移動があるから。しかし一時的に、と言われたら、数年は立ち往生すると覚悟しなさい」と。私がいたのは番町と関町合わせて八年間でした。

――神学生に哲学を教えていらしたのですね。

A　四谷キャンパスでは哲学院の神学生と、それ以外の一般哲学の学生に哲学を教え、また関町の神学院では、神学生の司祭としての心の教育係を務めました。これらにより私の日本語も充実してきました。四谷キャンパスのイエズス会コミュニティでは英語が話されていましたが、番町と関町では朝から晩まで生きた日本語に付き合っていましたから。

哲学の授業を行うには難しい点がいろいろとありました。というのも上智大学の一般哲学の学生、教区司祭を目指す神学生、イエズス会の日本人神学生、ヨーロッパや合衆国からのイエズス会神学生が皆、同じ授業を受けるからです。

ヨーロッパのカトリックの国では国立大学の神学部はアカデミックな水準を守り、高いレベルの研究が行われますが、その一方、大学でなく地元の神学校で司祭教育を受け、そのまま地元の司祭になるコースもあります。しかし宣教国ではそのような二つのコースを作る余裕がなく、皆が同じ授業を受けることになりました。外国人のイエズス会神学生がヨーロッパ並の学術水準を期待しても、それに一部の学生は歩調をあわせられなかった。片方の学生には難しすぎてブレーキを踏み、あとの学生には物足りない、両方それぞれに不満を持つ授業になりました。

数年後、私は神学院の院長となりました。哲学院と神学院を合わせた、神学院全体の長で、とても力のあるポストでした。当時宣教地では慣例により、神学院の院長は司祭を統括する地元の司教に属さず、ローマ教皇庁直属だったのです。地元の司教は大切なお客様ですが、神学院に干渉はできず、神学院への司祭志願者の受け入れ、退所も、普通は司教がすることですが、当時の日本では神学院長がその役割を行っていました。

――司教は日本人でしたか。

A　私が日本に着いた時には司教団全員が日本人でした。戦前、いわばバチカン大使のような役割を担っていた後のマレラ枢機卿は、時勢に敏感で、日本の敵国となるフランス人の司教全員に職を辞退させ、日本人に差し替えました。日本のカトリック教会を軍部による迫害から守るためでした。また戦後、マレラ大使は憲法をもとに真の宗教的自由が認められた時、キリスト教にとって日本で大きく飛躍するチャンスだと考えました。韓国のようなキリスト教の発展を予想して、日本を十三の司教区に分け、今でもその原形はわずかに留めています。感謝する点はありますが、彼の戦後の楽天的展望は外れました。

――神学院に大勢の若者が集まっていたと聞きますが、司祭職に対する希望には、どういう動機があったのでしょう。

A　神様の計らいについては何とも言えないのですが、社会学の見地から見れば、あの当時、司祭になるコースというのは、地方の若者にとって出世コースのようなものでした。実際、いい神学生になると判断されれば、寮付きで上智大学で学べたのです。

ある時期まではこれでよかったのですが、日本が活気を取り戻していくと、若者は他の選択肢に目移りし、司祭を目指す人が徐々に少なくなっていきます。五十万人のカトリック信者がその中にいる池の周囲で、十三の教区と数々の修道会、宣教会が釣竿を持ち、司祭候補生を自分の会に迎えようと待ち構えています。この状況を見れば、召命（司祭を志願すること）が減ったといわれても、日本で信者から司祭、修道女になる人の比率は、合衆国やヨーロッパに比べ今でも高いと思います。

――社会的に保障される身分が欲しいとか、お金に不自由したくないとか、俗世の動機で司祭になった人たちが、戦後の経済成長の中で辞めていくのでしょうか。

Ａ　そういったケースは日本人よりも外国人の宣教師に多かったと思います。

――日本人の方が純粋だったとおっしゃるわけですか。

Ａ　その通りです。四百年前のザビエルの時代もそうでした。藩主の入信により家来も右に倣うような状況から、日本人キリスト教徒はポルトガル宣教師の関係で商業的に有利になるから入信することが多い、とヨーロッパの歴史学者、社会学者は分析します。しかし実際日本人は数々の殉教者を出しています。二百五十年の鎖国を通して隠れキリシタンが何世代も続きました。日本のキリスト教徒たちはその間耐え続けた。迫害にもめげず、世界との関わりもなくしながら信仰を忘れなかった。司祭もおらず、ヨーロッパ近代の変革も知らない中で、ですよ。日本のキリスト教徒は意志が強かったのです。私の学生には司祭職を放り出す者は少なかった。一人結婚しましたが、しばらくして戻ってきて再び司祭を始めた者もいます。しかし戦後日本に宣教のためにやって来た外国人宣教師たちのうち、百人くらいが志半ばで去っていきました。これが現実です。

――宣教師として一緒に日本に来た仲間で、いい友人ができましたか。

A　日本には多くの友人知人がいます。宣教師に限った話ではありません。日本語学校の時からの同級生でよい友だちになったのはジョゼッペ・ピタウで、イタリアのサルディーニャ島の生まれです。サルディーニャ島の人口の半分は海賊の子孫、半分は聖人たちの末裔で、ピタウはどちらなのか、いつも話題になりました。サルディーニャ出身者がイタリア本国で成功するには、本土のイタリア人の二倍頑張らなければならない、と言われますが、そういう底力がピタウには感じられました。後に学長、理事長、管区長になりましたが、彼は権力とは何かということをきちんとわきまえ、権力を行使する手腕もある、と言われていました。この点が私とは正反対で、対照的な性格です。ピタウが上智大学の学長になると学長室ですべてが決められるようになり、学長の二期目に理事長になった時、こんどはすべてが理事長室で決定され、管区長になった時もまた然りでした。

ただし管区長の期間は短かった。というのは、教皇ヨハネ・パウロ二世が来日され、ピタウは通訳としてずっとそばを離れず、日本を回りました。教皇の信任も厚かったようです。しばらくしてイエズス会のアルペ総長がマニラ空港で倒れ、半身不随になりました。決められた手順に従い顧問会から合衆国出身のレオ・オキーフ神父が総長代行に選ばれた時、ヨハネ・パウロ二世が介入しました。教皇はオキーフ神父を解任し、代行にグレゴリアン大学元総長、パウロ・デッツァ神父を任命します。ただしデッツァ神父は当時ほとんど目が見えない状態で、そのアシスタントに教皇はピタウを任命しました。そういうわけでピタウの管区長職は短かったのです。

ピタウはバチカンとイエズス会の間をうまく取り持ち、アルペ総長の時に緊張関係にあった教皇庁とイエズス会本部を和解させる役目を見事に果たしました。

――新しく総長になっていてもおかしくない人でしたね。

A　ヨハネ・パウロ二世もイエズス会総会でピタウが選ばれるのを期待されていたと思います。実際にはペーター＝ハンス・コルベンバッハが総長に選出されました。ピタウは総長にはなりませんでしたが、イエズス会本部に残り、イエズス会と教皇庁との連絡責任者のような役目を担いました。その後、グレゴリアン大学の総長に任命され、教皇庁の同意を求めた時、これからもイエズス会本部と教皇庁の連絡責任者を続けるという条件付きで、許可がおりました。

――神学院での同僚についてはいかがでしょう。

A　この神学院で、かつてローマで私を日本へ招いてくれた鎌田武夫神父と再会しました。ローマから日本へ戻られ番町の哲学院の長になりましたが、厳しいお人柄だったのでスペイン人スタッフにも日本人神学生にも、あまり人気はなかったようです。後に関町の神学院に移られ、会計担当になります。必要な資金の調達が奇跡のようにお上手で、お金を増やす不思議な才能の持ち主でした。あの当時、慢性的な資金不足に悩んでいた神学院にとっては貴重な存在だったのです。もともとわずかなお金しかないのですが、彼はそれで株を売買し、上手にやりくりして利益を上げてくれました。

私の前に神学院院長だったのは、ウェストファーレン出身のドイツ人神父です。普通のドイツ人は壁の前で止まるが、ウェストファーレン出身者は軽く頭を下げ、ゆっくりと壁を突き抜ける、とドイツではいわれているそうです。またブルドッグという犬は噛み付いたら死ぬまで放さない気質です。お人柄のせいか、お顔のせいか、学生たちが彼につけたあだ名はブルドッグでした。ご本人は知らなかったようですが。戦前から日本におられアジア文化に造詣が深く、韓国ソウルにイエズス会の大学を作るのにも尽力されました。西江（ソガン）大学のキャンパスには彼の像があり、東京の神学院の院長になられたのは韓国から戻ってからです。普通なら院長は会計や資金事情をすべて把握するはずですが、鎌田神父がお金に関してあまりに才能豊かだったため、このウェストファーレン出身の院長でさえ鎌田神父が扱う資金の詳細はつかめず、私も同様に分かりませんでした。しかし会計はいつも明確で数字も合い、税務署から一度も文句をいわれたことはありません。鎌田神父はウェストファーレンの院長とは緊張関係にあったようですが、昔からの知り合いである私が院長になると、生き返ったように元気になり、スペイン人たちはアルムブルスターはビタミンAだと冗談を言っていました。

――スタッフはスペイン人ばかりとうかがいましたが、バスク人もいたようですね。緊張関係はありましたか。

A　私の前に哲学院の長だった人はバスク人でした。彼以外にもスタッフにバスク人が数人いましたが、スペイン人との間の緊張関係を、私は一度も感じませんでした。

スペインで活動しているイエズス会士のうち、バスク出身者は、テロ行為を承認はしませんが内心バスク独立運動に共鳴していました。イエズス会ローマ本部では修道会の中にスペイン人とバスク人の闘争が入らないよう気を使い、あまりに独立運動に燃えだしたイエズス会士をスペインから宣教地に送り出すという対策をとりました。ある時期、南米へ、日本へと大勢のバスク人イエズス会士が送り出され、スペインは静かになりましたが、南米では送り込まれたバスク人イエズス会士から解放の神学が広まったのです。

――様々な変革が一九六〇年代後半の世界にはありました。日本も例外ではなかったでしょうね。

A　一九六七年、私が関町の神学院の院長になった頃、第二バチカン公会議が開かれてカトリック教会の中に大きな波が立ち、日本にまで及んできました。昔の第一バチカン公会議ではローマ教皇の位置づけが明確にされ、第二バチカン公会議では司教団の立場が明確にされました。司教団はイエスの十二使徒の後継者であると自覚し、日本の司教たちも日本の教会は自分たちが指導する責任があると自覚しました。それまではローマから送られた者が宣教地の教区司祭となる神学生の指導をしましたが、そのような形では私が最後の院長となりました。以後、日本司教団は教区の司祭に神学生の指導を委ねたのです。

――一九六八年、世界中の大学で起こっていた学生蜂起に、ご自身も巻き込まれましたか。

A 私たちはこれを学内紛争と呼んでいます。私自身は一九六八年には番町の哲学院から練馬区関町の神学院に住居が移動していたので、夕方キャンパスから十キロ離れた関町に戻り避難できるのは好都合でした。大学内に住む同僚は夜、眠れなかったといいます。紛争学生たちがキャンパスの建物の三分の二を占拠して、バリケードを作り、デモを行い、イエズス会教授館にも進出すると脅します。かつての私の哲学博士課程のおばけ指導教授ミュラー神父が、四谷キャンパスの教授館に定年退職して隠居していました。健康を患い力もないのに自分の部屋の入口に重い椅子を運び上げ、「この中へ入ろうとする者には、たとえ私が脱腸ヘルニアでも、頭の上にこの椅子をぶつける！」と宣言していました。

――結局紛争学生たちは教授館に侵入して来なかったのですね。

A はい、来ませんでした。しかし授業はなくなり大学も使えません。勉強したい学生とは喫茶店に通うことにしました。学校は三か月占拠されました。東京中の大学で困難な状況が続き、教師と生徒の間の信頼関係は傷つき、当時の学生が卒業するまで数年間にわたり損なわれたままでした。

――この学内紛争は左翼による運動ですか。

A　もちろんです。

――旗印はやはり毛沢東だったのでしょうか。

A　なかには毛沢東を理想にしている学生もいましたが、中国とソ連のあいだに一種の緊張関係があったように、学生も中国共産主義とソヴィエト共産主義で二分されていました。大国の共産党の縮小版であるはずの日本の共産党は、しかし学生運動の時期も節度を保ち、法と秩序の代弁者でしかありませんでした。チェ・ゲバラや毛沢東の信奉者たちが社会を混乱させようとしていましたが、紛争学生の主張を単純化すれば、すべてを破壊しないと道は見えてこない、というものでした。大学側は学生と話し合い、「改革はもちろん不可欠で社会は常に刷新していかなければならない。だがそれには明確な将来像が必要で、どうしたら現在の社会構造を補うことができるかを考えるのが先決だ」と説得しようと試みましたが徒労に終わりました。

紛争学生はアドルノを盾にしていました。確かにアドルノは『ミニマ・モラリア――傷ついた生活裡の省察』で、「社会全体が狂っている時に正しい生活というものはあり得ない」と述べています。しかし同時に「一切は（個別的なものから一般的なものへの）移行の仕方にかかっているのである。禍の源は強引に移行の道程を切り詰める暴力としての思想である。……個別的なものにかかずらう際のテンポと忍耐と根気には真理そのものがかかっている」とも述べているのです。アドルノのテーゼは誤解され易く、さらにアメリカのマルクーゼが単純化した言葉を流行らせました。「偉大なる拒絶」――抑圧的現実を拒絶し、理性の秩序に対して感性の秩序を称賛し、自由への過程における折衷案も拒否して現状をいったんすべて破壊する、というものでした。

――上智の学生の何割ぐらいが運動に参加していたのでしょう。

A　はっきりとは分かりませんが、二割ぐらいではないでしょうか。残りの八割の学生は好むと好まざるとにかかわらず、自宅に待機しなければなりませんでした。そんな雰囲気の中で勉強などできませんから。警官との実際の戦闘もあり、学生は政治体制の転覆を目指していました。大学を占拠することは彼らにとって、その後に続く大きな計画の足掛かりにすぎなかったようです。上智大学は皇居に近く、革命の歴史をもつ清水谷公園が目と鼻の先です。反乱グループの一つはそこを根城にしており、ほとんどは他大学の学生で構成されていました。大学内の学生たちには愛校精神がありますから、自分の大学自体を解体してしまうことは望んでいませんでした。大学につながりを感じない他大学の学生たちがすべてを破壊してしまおうと考えているようでした。

――物理的な破壊行為に出るのですか。

A　占拠した理事長室の前の廊下でキャンプファイアーをしていました。火炎瓶も投げられます。紛争学生は警察と戦うだけでなく、互いにいくつかの組織に分かれ、組織同士の戦いもあったようです。事態はどんどん悪化し、教授たちもタカ派とハト派に分かれました。暴動を起こす学生と話し合いで解決しようとする教授たちはたいていひどい目に遭います。妥協できると考えるのはナイーブにすぎたのでしょう。向こうはどうしたら教授陣を説き伏せられるか準備万端で待ち受けていました。そして話し合いで解決がつかないと、学生たちは教授を誘拐して人質にしようとしました。

――誘拐とか、話し合いが戦いに変わるとか、上智でもそういうことが起こりましたか。

A　はい。日本全国で起きていました。学生はまるでマニュアル通りにそれをやっているようでした。学校当局に団体交渉を要求し運動場で大学側と紛争学生の代表が向かい合って交渉する。そして合図をするととびかかって大学当局者を捉え、人質にしようとする。大学側もよその大学の例を見てそういうことが起こり得ると知っていたので、逃げ道を用意しました。四谷見附から半蔵門に向かう通りを走り、交番に逃げ込むのです。道を走って逃げる教授と追いかける学生たちの構図を頻繁に目撃しました。交番に逃げ込めた教授は幸運でした。

――ご自身がそうした暴力的な事件に巻き込まれたことは。

Ａ　何度もありますよ。でも幸い殴られたことはありません。同僚の一人は捕まって講堂から引きずり出されました。紛争学生は彼の足をつかんで引っ張り、周りの教授陣は彼の手をつかんで引っ張り、競り合いになりました。学校側はそういう時警察を呼び、機動隊が紛争学生を押し出します。しかし翌日には紛争学生は元に戻り、同じことが繰り返されます。何も解決策につながりませんでした。東京大学は何か月も占拠され、機動隊と紛争学生の戦闘が続き、毎晩テレビのニュースでその様子が放映されました。戦後四十年間、上智大学には非常にしっかりした教授陣がおり、第一線に立ってイニシアチブをとっていました。上智のイエズス会士が思い切ってどのような有効な措置をとるか、文部省も注目していたようです。一九六八年、警察を呼び機動隊が紛争学生を追い出すと、大学を閉鎖します。同時に建設会社も呼び、四谷キャンパスの周りを四メートルの鉄塀で囲み、紛争学生が戻れないようにしました。しかし機動隊が引き揚げると自分たちで大学を守らなければなりません。再び占拠されないよう、先生たちが交代で学校に泊まり込み、攻撃に備えました。これは画期的な解決策でしたが、大きな賭けでもありました。学校を閉鎖しましたが、学費が一年分入らなければ大学は倒産します。翌年一九六九年二月の入学試験を無事に実施できるかどうかに上智の存続がかかっていました。

――これは紛争学生も、もちろん知っていたでしょう。

A　紛争学生は学校の周りに集まり、入学試験志願者が校内に入れないよう妨害しました。私たちが志願者を迎え入れるためドアを開けると、紛争学生がなだれ込もうとします。ドアをほんの少し開けて志願者を数人中に入れ、すぐ閉める。このようなことが繰り返され、私たちは何とか入学試験を実施することができました。続いて東京大学も含め他大学も同様のやり方で試験を実施するようになりました。

――この当時、キャンパスの外に住んでおられましたね。

A　はい。練馬区関町の神学院の建物に住んでおり、夜、そこに戻って休めたのは幸運でした。でも数か月は教職員が当直として、毎晩交代で学校に泊まり込みました。その時は私もキャンパスに泊まり、一緒に戦うことで教職員が団結しました。

――紛争学生に賛同しない側の学生は、右翼学生も含め、あの当時どのように反応しましたか。

A　紛争学生とは別に普通の学生のデモもあり、「教室を返せ、教職員は団結するぞ」と叫びます。他に鉄塀の前を行進して中に突入しようとするグループ、バリケードを作り解放区を作ろうとするグループ、黒いヘルメット、黄色いヘルメットが入り乱れ、東京の路上では学生と機動隊の小競り合いが続きました。学生グループの中には山奥にアジトを構え、スパイと疑われた者に暴力的な尋問をするグループもありました。対立する者を捕え、山奥の木に縛りつけて寒さと飢えで死ぬまで放っておく。もちろん、警察に捕まり裁判所で殺人罪に問われ、法の裁きを受けました。
青春を学生運動に捧げた学生たちはその後どうなったと思いますか。驚くべきことに、日本の大企業は「組織を動かすことのできる優秀な人物」として彼らの中でもリーダー格をピックアップし、自分たちの会社に雇います。彼らは一九七〇年代から九〇年代の日本企業の発展を担う人々となりました。紛争のリーダーにならなかった者たちはプロの革命家となり、何かについての反対運動、成田空港反対運動などに人生を費やしました。

――授業はいつ再開されたのでしょう。

A　一九六九年の四月一日です。学校の周りには四メートルの鉄塀があります。侵入されないよう、また毎朝登校してくる上智の学生と間違って紛争学生を入れないよう、注意します。正門の鉄塀に小さなドアがあり、そこからの学生の出入りを交替で見張りました。ある時アメリカ人の大柄な神父がいる時に紛争学生が侵入しようとしました。神父は「僕の後ろから押して、僕を壁にして」とおっしゃって体を張って止められました。中から私たちが押し、外からは学生たちが彼を押します。立ちはだかる人間壁になっていただきました。

――学生寮だった神学院の中には、こういう紛争の余波がやってきましたか。

Ａ　大学紛争の大きな波が引いた後、神学院にもその名残の确が聞こえるように感じられました。神学院の神学生は教区の司祭になるために勉強しており、イエズス会に入るわけではないのに、なぜイエズス会が教区の神学生を教育するのか、という問題提起が起こりました。カトリックの神学院では大学紛争中も、プロテスタントの神学院のように暴力沙汰は起きなかったけれど、彼らを教育する私たち外国人に対する不信と憤慨の波が起こったのです。

――院長であるあなたに対しても、ということですね。

Ａ　今ふり返ってみると、彼らには彼らなりに理があったと思われます。ヨーロッパ人が日本人に、日本のキリスト教がどういう姿になるべきか教えることはできないからです。私たちにできることは、精一杯しましたが、どうして外国人に教えられるのか、という不信と憤慨が噴出しました。前にお話ししたように、神学院院長はローマ教皇庁直属で日本での権力が大きかったのです。院長として学生を神学院に入れたり、相応しくない人には出てもらったりする時は非常にデリケートで、私としては平和裏に神学生と別れるように努めました。あなたにとってカトリック司祭は道ではない、と言って。しかし当の学生は不満を持ち、院長は自分を不当に辞めさせたと周囲に不服をもらします。そういう噂が広まっても本当の具体的理由を反論できません。学生のプライバシーを公にすることになりますから。できることは「どうか私の誠実な判断を信頼して下さい」と話すだけでした。

――その小紛争はどのような形をとっていたのでしょう。

A　暴力を行使してはいません。苦情は神学生それぞれの司教に送られていたようです。多分イエズス会管区長にも送られたでしょう。その交渉は私をとばして頭越しに行われ、面と向かって不満を言うことはなかったのです。イエズス会本部は調査のため三人の委員を派遣し、彼らは神学生全員と会い、最終的には私たちイエズス会は教区の神学生の指導から退くほうがいいというアドバイスを出しました。管区長は司教会で教育関係司教と会い、司教団が然るべき措置をとるように交渉を始めました。院長である私には何の連絡もありませんでした。

――これは何か連絡不十分のせいですか、それとも意図的なものですか。

A　推測するに、管区長は私に打ち明けて交渉がこじれることを恐れたのかもしれません。私は神学院からの撤退のような、逃げ腰の態度には反対でしたから。ちょうどこの時期は、神学院に大勢の若者が集まっていた頃と事情が変わり、願書を出す人がみるみる減りました。またヨーロッパ、アメリカから日本で働くイエズス会士の派遣も途絶えました。おそらく管区長は正しかったのでしょう。大局的に見れば、混乱の前に秩序ある撤退を始めたのは賢明だったかもしれません。ただ、私は当時四十二歳で、神学生教育を自分の使命と思いこみ、ローマにいる目上に不服を伝えました。ローマの目上は、私の立場は理解できるが事情が事情だからとなだめ、イエズス会の目上に従うという伝統により、私もそれを受け入れました。

――受け入れても、後味が悪かったでしょう。

A　同僚たちから、これに似たことは実際よく起こると言われました。イエズス会士の一生の中で、こういう痛い目に遭うことは一度か二度、誰にでもあるそうです。私にとって最初の痛い目はこの神学院の件で、二度目の経験は十年後に中央図書館の建築をめぐってのことでした。しかし私としては今はそのような経験を感謝しています。キリスト者としての生き方を深めるには必要な修業でした。何のためにイエズス会士になったのか、何が本当に大切か、ということについて、痛い経験がはっきりと自覚させてくれます。イエス様の言葉に「頼まれたことをすべて果たせば、自分は取るに足りない僕です、と言いなさい」とありますね。これもまたすばらしい経験でした。

第十一章　図書館という不思議な世界――一九八三年――

――東京カトリック神学院院長の仕事を終え、練馬区関町から上智の四谷キャンパスにあるイエズス会の建物に転居され、ほどなく上智大学図書館建築プロジェクトに関わることになりましたね。

A　一九六一年にメンバーになるはずだった四谷のイエズス会コミュニティに、一九六九年に加わりました。そこには約百人のイエズス会士が暮らしており、コミュニティのリズムに慣れなければなりませんでした。それは戦後、上智大学が一番軌道に乗った時期で、困難な大学紛争を乗り越え、更に発展する力がありました。

――一年たって、学内の状況は変わりましたか。

A　流血沙汰はなくなりましたが、教師と学生の信頼関係を取り戻すにはまだ数年、紛争を経験した学年が卒業してキャンパスを去るまでかかりました。

他にも様々な緊張関係がありました。アルペ管区長の時には若いイエズス会士が毎年二十人、日本に送られてきました。管区長はそれぞれの方向を決め、チェスのように適材適所に仕向けます。資金の問題もあり、将来働く場として上智大学に新しい研究分野を増やし、アメリカ、ヨーロッパのイエズス会から奨学金を出す誘いがあると日本管区の若い会員を送り出し、いろいろな専門の人たちを準備しました。しかし彼らが学位をとり日本へ戻ってきた時、タイミングが合わないと戻ってもポストがありません。それまで頼んでいた外部の先生にすぐに辞めてもらうわけにもいきませんでした。

――ご自身は何を教えておられましたか。

A　哲学です。フリードリヒ・シェリングについて学術書を出版しようと準備していました。ドイツ観念論の哲学者で私が特に惹きつけられる思想家でした。彼は晩年キリスト教的哲学を展開しようと考えました。哲学とキリスト教の関係を三つのレベルに分けて整理していく構想が浮かびました。一番目は哲学者がキリスト教という社会的現実を首尾一貫して記述するレベル。二番目はキリスト教信仰の哲学的な理解を目指すレベル。三番目は哲学者が神学者にならずに、キリスト教信仰に基づいて哲学するレベル。シェリングにおいてはこの三つのレベルが様々に結びついているように見えたので、シェリングの哲学的著作を組織的に読み整理し始めました。かなり骨の折れる仕事でした。私たちが生きている時代と、十九世紀半ば、彼がベルリンで神話の哲学を展開した時代とはまったく違いますからね。

——そのような御本についてはうかがっていませんが、実際に書かれたのでしょうか。

Ａ　結局台なしになりました。ある日、当時理事長を務めていたピタウ神父が私を訪ね、上智の四谷キャンパスにこれから新しい中央図書館を作らねばならない、ついては、私の協力をぜひ頼みたいと言ってきました。上智は徐々に学部も増え、戦後まもない頃アメリカとヨーロッパからの寄付により建てられた図書館が、もう満杯で本があふれ、パンク寸前でした。当時日本の大学図書館は、十九世紀ドイツの図書館のやり方に倣っており、技術的にも時代遅れとなっていました。

——いや、私は図書館学はまったく知らないのですが。

Ａ　私にとっても新しいテーマでした。図書館学は十九世紀末のドイツに始まります。伝統的にドイツの図書館には書庫、事務室、読書室の三つがある。利用者は自分で本を探すのでなくて、目録でデータを探してカウンターで注文します。小さい図書館では少し待っていれば従業員が注文票をもって書庫に入り本を持ってきてくれます。大きい図書館では注文票を預かった翌日に本を出してくれます。本が貸し出されていると分かるのが次の日だったりもします。

——そのやり方はプラハの国立クレメンティヌム図書館を思い出します。

Ａ　ドイツ風の閉架式図書館のメリットは本がたくさん収容できる点でしょうね。サイズで分けて収納すればコンパクトに収まります。閉架式の場合は本は大きさで分け、購入と整理の順に並ぶことになります。利用者は本のデータだけ示せばよく、本を探すのは書庫を熟知する司書です。

図書館の仕組みはアメリカ合衆国で洗練されていきます。戦前から戦後にかけて大学図書館が何百館も建てられます。現代風の図書館のアイコン、代表人物は一九三七年から一九五五年にハーバード大学図書館長を務めたキース・メトカーフです。彼が最初に書庫の中に読書室があるタイプ、つまり書棚のあいだに直接座って本を読むタイプの図書館を作りました。書棚は主題に沿って並んでおり利用者は自分で本を探して、その場で勉強できます。例えばトーマス・マンについて調べているなら、関連文献も含めて全部一箇所に集まっていますから、自分で手に取り横の机で勉強すればよいのです。

――使い終わったら元の場所に戻すのですね。

Ａ　とんでもない。棚から取り出すのはいいけれど、元の場所へ一冊も戻してはいけません。もし間違った場所に戻すと、その後誰もその本を見つけられなくなるからです。このやり方が人気を博し、図書館に多くの学生が来るようになります。

アメリカ合衆国では特に人文学の分野で、図書館という資源を上手に利用することによって、文明人としての教養を身につけ、研究者として幅を広げる機能を図書館が果たすようになりました。つまりライブラリー・カルチャーが目覚ましく成長したのです。
アメリカではどこの大学図書館にも利用する学生数の半分ぐらい机と椅子がありました。今はインターネットがありますが、私の世代は実際に書物に触れていたいほうです。グーグルを使って調べることにはない趣きがある。ピタウ神父は私を呼んでアメリカのような図書館を作ろうと言い出しました。

――それは神学院を離れて、どれくらいたってからでしょうか。

A 神学院から四谷キャンパスへ移って約一年後です。かつての私の指導教授でそれ以来親代わりに付き合ってくれていたミュラー教授から、「ノーということを覚えないと駄目です。やってはいけません。哲学者になるか図書館員になるかどちらかで二兎は追えません」と何度もたしなめられました。
ピタウ神父の言い分はこうでした。「君が図書館学を勉強していないのは分かっているが、同僚のイエズス会士の中で誰かこれを任せきれる人がいないと建築計画に踏み込めない。なぜなら新しい中央図書館建築は莫大な投資で、失敗は許されないから。まず一年間、副館長に任命するから様子を見て、何とか翌年から図書館長として責任を負い、一緒にやってほしい。二～三年で終わるプロジェクトで、その後でまた哲学に戻れるから……」。このピタウの言い分に、私は負けました。

――なるほど。また「一時的に」ですね。

Ａ　ミュラー教授を落胆させることになりました。次の十年も馬車馬のように働きます。哲学の講義、ゼミの運営、文献を読み、毎年一本は研究論文を発表し、神学生の面倒を見、さらに司祭の仕事、日曜のミサ、説教、霊操、それに上乗せして図書館の話です。シェリングをめぐる研究は雲散霧消してしまいました。

――図書館ではどういう方々とご一緒に働かれましたか。

Ａ　先代の図書館長は館長室を自分のゼミ室にしており、私は一年後、東京を一望できるその部屋を引き継ぎました。副館長になってすぐ、東京の大学で良く機能している一流の図書館があるかどうか探し、国際基督教大学でそれを見つけました。その図書館の日本人女性館長はアメリカ合衆国で図書館学を勉強してきた経験豊かな方で、彼女と知り合い、やがて知恵袋として上智の図書館にヘッドハンティングしました。

それから夏休みにアメリカやヨーロッパの図書館を見学に行きました。サンフランシスコで開かれていた全米図書館協会の会合にも出かけ、あちこちの館長たちと知り合いになり、見学を申し込みました。五十くらい世界一周の割安航空券を買い、東へ東へとアメリカ国内とヨーロッパの図書館を周ります。図書館を見たと思います。どこでも写真を撮り、大量の参考資料を持ち帰りました。一番の成果はサンフランシスコにあるイエズス会系の大学図書館の館長と知り合ったことです。彼には顧問としてプロジェクトに参加していただきました。最初は二週間東京に招き、それ以来、年に数回顧問として来日され、サンフランシスコ大で定年退職後は一〜二年フルタイムの顧問をお願いしました。

——顧問に何を期待したのでしょうか。

A 実はあらゆるものに関して、知恵袋として必要でした。彼は図書館建築プロジェクトにあたって、先に予算の枠組みを立ててその中でどう有効に使うかを考えるやり方は、本末転倒だと、私たちを説得しました。まず予算を立て、その枠で何かを作ると、結局最後まで贅沢か不十分か分からない。私たちはそうならない方法として、半年かけて上智の学部の現地調査をしました。上智大学が向こう二十年間、どのような図書館を必要とするか、また図書館以外に、各学部図書室がどのような図書を持っているか、調査しました。

新しいテクノロジーについても考えました。あの当時、本はマイクロフィルムからマイクロフィッシュに移りつつあり、従来通りの図書館の終わりと言われていました。学生は図書館に通わず入学と同時にマイクロフィッシュの箱をもらい、自分の研究資料はすべて入る。しかしそういう夢は少しずつ壊れました。カビが生える、使えなくなるなどトラブルがありました。PCの時代になり図書館全体のデータベース化も視野に入って来ます。目覚ましく変わっていくテクノロジーの発展が予測できないことを考慮に入れ、検証は向こう二十年を想定するという顧問のアドバイスは大きかったのです。

——こういうアプローチに関して、大学の教授陣は快く受け入れましたか。

Ａ　図書館建築計画が成功するためには、大学の教授陣、大学職員など関係者皆の協力を得られるかどうかがカギとなります。この計画が、予想される大学のニーズから構想をえていること、つまり、上智がどういう図書館を必要とするか、という点から出発していることを理解してもらい、どれほどこの計画が彼ら自身のためになるかを納得してもらえなければ失敗します。これがさし当たりの問題でした。

——世界の図書館を見学する際、何を主に調査しようとしましたか。

Ａ　図書館の良い面ではなく、作った時の間違いを教えてもらいました。外国にある有名な図書館の館長のもとに行くと私はいつも、「これまで使ってみた経験を踏まえ、もし今日新しく建築するとしたらどの部分を変更するか」と尋ねました。興味があったのは図書館の弱点部分です。ロサンゼルスのカリフォルニア工科大学図書館の館長は、二度と高層ビルの図書館は作らないとおっしゃいました。資材だけで何百万ドルもかかるのに、最初に塔にちなんだ図書館名をつけてしまったので、遠くから見える高い塔を作らねばならなかった。その結果、エレベーター、階段、パイプ、など設備部分の構造が複雑になり、流行している学問分野の本を移動させる時、階をまたぐ本の移動が面倒になった、とおっしゃっていました。この話を聞いて、できるだけ横長の図書館を作ろうと思い直しました。

——いろいろな図書館の中で上智のお手本にできるものを探しあてましたか。

A　ホワイトハウスから近い場所にあるイエズス会のジョージタウン大学図書館でしょう。上智と同じくらいの規模で、学部数もほぼ同じ。マデレーン・オルブライト元国務長官や国家安全保障政策のヘンリー・キッシンジャーが教鞭をとっていた大学です。そこの図書館に行き、ライブラリー・ビルディング・プログラム（LBP）を見せてもらってコピーし、上智のLBPを作る参考にしました。次の課題はアメリカの経験ある設計事務所を見つけ加わってもらうことで、シカゴの設計事務所SOMを選びました。ドイツのバウハウスの伝統を引いた事務所です。日本での建築許可の関係で日本の建設会社にも参加してもらいました。

SOMから設計案が提示されてきた時、知り合いの図書館長から紹介された、九十二歳になる、かのキース・メトカーフ氏にそれを見てもらうという巡り合いがありました。彼は背が高くやせ形で、短かめの白髪に広い額、意志の強そうな顎と一文字に結んだ口、そして好奇心に満ちた子供のような眼差しとアメリカ人らしい率直さをもつ人でした。当時心臓手術をした後なのに自分で車を運転し、軽々と階段を駆け上がっては私に自分の失敗の実例を説明するなど、とても元気そうでした。彼は図書館設計の顧問として経験豊富で、熟練した顧問として相当な報酬をもらっていたので、上智としては払えない相談料でした。しかし不思議なことに、戦争で敵国だった日本から来たのに、またプロテスタントの彼に対しこちらはイエズス会の若造なのに、どういう風の吹きまわしか、「その設計の段階で出てくるものは順次送って下さい。私は言うべきことをつけ加えます。お金はいりません」と言われました。実際にはいろいろとアドバイスして下さった。それは日本の法律の仕組みのため実行できなかったものや、私たちの資金不足で実行できなかったものもありましたが、いくつも、貴重なアドバイスをいただきました。彼は私に言いました。「図書館建築は図書館長と建築家の間の戦いです。図書館長は効率的に機能する図書館を作りたいし、建築家は自分のための記念モニュメントを作りたい。二人の間の終わりなき戦いです。図書館長は必要なら建築家を解雇する覚悟で臨まなければならない」と。実際、私はこのアドバイスに従い、日本側の設計事務所を途中で変えました。

――何もない空き地に建築されたのですか。

A　おおむねそうですね。まったくの空き地というのではありませんが。新図書館建築のためにキャンパスの中央部分の区画を整備しました。二千平方メートルです。大学は街の中心部にありますから拡張することは不可能です。大学の土地の最初の部分は一九〇九年にイエズス会が購入したものです。戦後になって焼け野原だった周辺の土地を買い足していきました。今は非常に良い立地で、周囲には建物がひしめきあっています。

メトカーフ氏に言われました。大学図書館は設計を始めると同時に、来るべき拡張の計画も準備しなければならない。公立図書館では古い本を新しく取り換えたりするが、大学図書館は博物館的機能があり、将来の研究のためにすべて取っておく必要がある。だから風呂の浴槽のようなもので、いつかお湯があふれるのは必然だ、と。つまり図書館建築計画を責任をもって立案するならば、ＬＢＰ（ライブラリー・ビルディング・プログラム）の最後の章には、本が満杯になった場合の図書館拡張計画も書いておくべきだと言うのです。将来さらに横長に拡張することは不可能でしょうが、階を建て増しする計画や最終的に他の場所に別館を建てる可能性についても触れておくべきだと私も考えました。図書館は地上地下合わせて十三階建てで、十四階目は拡張計画の代わりに建て増しして、空っぽにしておくことにしました。

――空けたままですか。名案だと思いますが教授陣や学生は黙っていないでしょうね。

A　お分かりだと思いますが、図書館長の権限など取るに足らないものです。大学当局の圧力を受けてなお最上階を空けたままにしておくことは難しい。それに、見積もりを出したら日本ではアメリカの二倍の建築費用がかかることが判明しました。日本は耐震に関わる法律が非常に厳しいので、やれることにも限界があります。建築計画は大学のニーズから出発して計画を立てたので、予算の範囲を超えた場合、どれを削るかは検討の余地がありました。機能面で譲歩したくはなかったので美的な面、デザイン性はあきらめなければなりませんでした。

原案では私たちの教育理念、つまり人格を尊重し個性を生かす教育、視野の広い市民を育てること、などを表すデザインで、アメリカの建築家ウォルター・ネッチュが原案を作りました。一つとして同じ造りの部屋がなく、外壁の素材はガラスで、それがカーブして色ガラス越しに太陽光が入り込む工夫をしていました。実現したら圧巻の建築になっていたでしょうが、費用がかかりすぎ、地震にたいしてもリスクがありました。だから内装だけ原案のアイデアを残し、長方形の平凡な図書館を建ててもらいました。

――しかしそうなると手直ししたことで、アメリカの建築家と日本の建築家の両方と衝突することになりましたね。

A　アメリカ人建築家はひどく怒るのではないかと心配しました。しかしまったく怒らなかった。資金がないなら仕方がないと返事をいただきました。機能性はそのまま生かしましたが、図書館の建物の外観は、私たちが表そうとしたのとは正反対のものを表すこととなりました。個性的どころか一律に同じデザインで、画一的教育を理念にしているかのような建物の外観となってしまったのです。それにしても一九八三年開館当初は日本でもっとも先端的機能を持つ図書館だったと思います。

――でも内部では各部屋は個性を持ち続けていたのでしょう？

A　すべてまったく同じです。内部空間が元の設計では波打っていたのが直線に直され、全体の美観は台なしになったのですが、アメリカ人の建築家は最後まで私たちを見捨てませんでした。

――計画を練り始めてから実際の完成までに何年かかりましたか。

A　かつてカリフォルニア大学図書館の館長から言われました。「これから中央図書館の建築計画を始めるのですか?　では、ご自分の人生から十年を差し引いて下さい」と。当時は大げさに聞こえましたが、実際にほぼ十年かかりました。工事が始まって一年間は、地上に何も見えてこないので、やきもきしました。ずっと基礎および地下工事をしていたのです。一九八三年に完成すると、全国から人々が見学に訪れるくらい先端的な機能を持つ、見事な建物になりました。

――建物の建築と図書館業務の確保、組織化はお仕事の一部ですが、図書とその選出方法はどのようにお考えになりましたか。

A　ハーバード大学のようなやり方が理想的です。館長を補佐する図書選別のエキスパートが、世界で出版された研究書の中から重要なものを選び発注するのが理想的でしょう。しかし私たちの図書館ではできません。三十五人図書館員がいましたが、専門別に優れた本を選ぶ能力のある人は、いませんでした。結局今まで通りの手続きを続けました。各学部、専門分野から教員が望むタイトルを伝え、私たちが発注し、必要とする本を整理する。学部学科に本の選択を任せると教員個人の研究に偏ってしまい、あまり良くないやり方です。ある分野は完璧で、ある分野は何もないという状態になります。

――図書館長としてこういう不備や穴を埋めるための方法はあったのでしょうか。

Ａ　各部門の教員に任せるしかありませんでした。当時は文学部だけで十三学科あり、一人でチェックする時間もエネルギーもなかったのです。

顧問をお願いしたサンフランシスコの館長と図書館建築計画を練り始めた時、キャンパスのあらゆるゼミの図書室の現状を調査しました。結果は、中央図書館に収容されている本はほぼいらない本ばかりで、実際に使われている文献資料は学科や研究所のゼミのそれぞれの図書室に配置されていたのです。それぞれの図書室にどういう資料があるか、情報がどこにも集約されていなかった。学内にどういう本があるか確かめる術はなく、図書室を整理する方法も、まちまちでした。

私たちは彼らがその図書を研究所と共に中央図書館の建物に移せば、使っている資料を統一的専門的に整理するからと、移転を勧めます。しかしこれだけでは反応が鈍く、現状維持派が多かった。そこで、新図書館の建物にゼミが本もろとも引っ越してくれば、向こう二十年そのゼミがどれだけの研究の場を必要とするか計算し、建築計画に反映すること、新しい家具と広々とした空間が提供されること、関連ある部門は同じ階に配置され皆が使い易くなること、などを約束しました。

この約束は効果があり、ゼミの大多数は新図書館に協力し、キャンパスで図書館以外に残った本は若干にすぎなくなりました。しかし数学科はどんなに押しても動かなかった。数学科の数式の資料は数学科に属する者でないと整理できない、という理由でした。

とにかく図書館の十三階に渡り図書を主題別に整理し、図書館として機能し始めました。研究所、学科、研究科のセミナーはほぼ九十平方メートルの空間をもらい、自分たちの図書と学生、助手の働く場所も確保されました。引っ越してきたすべてのコレクションは中央図書館で検索できるようになり、図書館計画を始めた頃は四十万冊ぐらい、今は百万冊以上が目録に登録されています。図書館はいっぱいになりつつあり、次の増築計画もやがて必要になるでしょう。

——図書館が完成し実際に開館して、図書館に関わる任務も終わったと思いますが、いかがでしたか。

A 図書館建築の十年の間に学長も変わり、新学長は組織面で様々な改革を考え始めました。戦後の日本では短期的につじつまを合わせるのに忙しく、キャンパスを長期的に展開していく計画をもっていなかったのは確かです。ただ当時の上智の組織改革は、学内からの意見を聞くことなく、専門会社を雇い、そのアドバイスに従ったものでした。

新図書館の運営についても、私たちが考えていたのは、図書館長は図書館学の専門家ではなく教育者をあて、利用者本位で図書館が動くようにし、一方副館長には図書館学の専門知識をもつ優れた専門家を任命する、という方法でした。ところが実際に起こったことは、図書館学の専門家でも何でもないベテラン大学職員が、名誉職的に副館長に任命されました。このような「効率的」なやり方が、果たして本当に上智の将来を考えた改革なのでしょうか。私としては大いに疑問を感じ、また失望し、図書館長を辞任することにしました。

——ああ、これが二度目の痛い目ですね。

A　今はそれで良かったと思っています。人が痛い目に遭うと、しばらくは目も見えず耳も聞こえなくなりますが、そこから学ぶこともあるのです。

第十二章　宗教かカルトか——一九九五年——

——大学でのキャリアはどのように積まれましたか。

Ａ　一九六二年に上智大学で講師として教え始め、割合早く助教授になり、一九六九年、四十一歳で教授になりました。

——上智の学生はキリスト教徒になったのでしょうか。

Ａ　確かにイエズス会士は日本に宣教師としてやってきました。しかし大学はいずれ福音宣教が実るための環境づくりの場であり、国から学校法人として認められるためにも、福音宣教を目標として掲げることはしていません。当時日本社会からまだ十分に親しまれていなかったカトリック教会にとって、学問的水準の高い大学は社会的信頼を得るための名刺代わりとなりました。また日本社会で評判のいい大学として認められるためには、学問研究を重視し、学問と宗教を分離することが必要でした。
そのようなわけで大学の授業としては福音宣教は行いませんが、大学のプログラム以外のサークルや聖書研究会で、学生が望めば要理教育を提供することはでき、実際そういう活動は行われていました。大学が小規模だった頃は家庭的雰囲気の中で問題なく、そのような活動ができました。イエズス会士と数人の学生サークルが、教室かゼミ室を福音宣教のために使用することができたのです。しかし一九七〇年代以降、大学が大きくなり組織が固まると、このような活動の大学施設内の場所確保のために、ますます面倒な手続きが必要となりました。イエズス会士の住む家の応接室も使われましたが、数が足りません。

――大学の事務局が福音宣教の妨げとなってしまったわけですね。

A　一九八〇年代後半のある日、大学のイエズス会の責任者たちはこの状況を話し合い、解決策はホメオパシーで行こう、と決めました。つまり病気を治す手段に病原菌そのものを使う治療法ホメオパシーのように、組織には組織で対抗するやり方でいこう、と。そしてまず、イエズス会士個人に代わり、大学事務局に、宗教活動のための大学内の施設使用を申請する組織、キャンパス・ミニストリーを作りました。キャンパス・ミニストリーとは、もともとはアメリカ合衆国で、大学キャンパス内の宗教的教育活動に対する呼び名ですが、私たちはそれを組織名にしました。またユニバーシティ・チャプレンというのはヨーロッパでよく使われる言葉で、ミリタリー・チャプレン（従軍司祭）、ホスピタル・チャプレン（病院付き司祭）のように、主な活動場所と関連させた司祭の呼び名です。先ほどの大学での福音宣教活動の窓口となる組織、キャンパス・ミニストリーをまとめる責任者を、私たちはユニバーシティー・チャプレンと呼び、その役割が私に回って来ました。

——シェリングの論文に取りかかる時間がようやくできたと思ったのに。

A　私もそう思いましたが、次の十年はユニバーシティー・チャプレンとしての十年となりました。宣教地で働く宣教師にはつきものなのですが、新しい課題を与えられる時は、今までしていることに上乗せされて、つけ加えられるのです。つまり「図書館から離れ一休みしたら、今まで通り大学の授業を持ち、専門雑誌に論文を発表し、司祭としての務めを果たし、これに上乗せしてユニバーシティー・チャプレンになって下さい」という依頼でした。

——それに従ったのですね。

A　そうです。図書館の時、世界各地の見学旅行が大変役に立ったので、今回も大学当局に、引き受ける前に海外に出かけ、向こうのやり方をこの目で見たい、と返事しました。まずシアトルで開催されたカトリックのユニバーシティー・チャプレンのワークショップに参加しました。シアトルにはイエズス会経営の大学があり、そこに一週間居候したのです。非常に多くのことを学びました。例えば合衆国ではこの仕事は大半は司祭でない男女の一般信徒が務め、後で分かったことですが、その中には修道院を辞めた元修道士、元修道女もいました。合衆国のイエズス会系の大学を更に数十か所めぐり、やり方を見届け、日本に応用できるものがないか、探しました。その後ドイツで開かれた同様の会議にも出席し、発表を参考にしました。

――インスピレーションを得るようなモデルを見つけましたか。

A　はい。シアトルのワークショップでもすでに学んでいたことですが、大学での宣教活動には一般信徒の協力が不可欠です。アメリカの活動の中心はキャンパスにある学生寮ですから、日本にそのやり方を持ち込むことは不可能です。上智大学では学生寮に住む学生は少数派で、夜に集まる機会は作れません。日本に似ているのはドイツかもしれません。ドイツでも学生を集める場所に苦労していました。あの当時、一九八〇年代の話ですが、ドイツのユニバーシティー・チャプレンたちが直面していた問題はサタニズム（悪魔崇拝）でした。文献では読んだことがありましたが、実際にドイツの大学生の間に入り込むサタニズムの運動にびっくりしました。後にプラハの中央墓地を散歩してみれば、戦争で殺されたユダヤ人の墓や、また第二次大戦後、追放処分になり誰も世話をしなくなったドイツ人の墓に、サタニズムのマークが記されていました。日本ではサタニズムより、後でお話しするように、むしろ新興宗教（カルト）が問題となりましたが。

——大学での宣教活動の最初の課題は、大学教育以外の宗教的な課外活動に学生の興味を引くことでしたね。

A　図書館の計画に似ています。図書館が有効に機能するには学生にとって入りやすいことが大事です。入口の近くに図書相談サービスを置き、外から中が見えるように配置し、そばを通る人が自然に入れるような雰囲気にしました。キャンパス・ミニストリーにおいても、これは大事なことでした。

——また新しい建物の建築ですか。

A　いや、とんでもない。資金もなければ場所もありません。当時ドイツからの寄付により、かつらぎ会が六号館一階で要理教育の活動をしていました。これは一般人向けの宣教活動で、建物の向きも四谷の大通りに向かっていましたが、この活動をキャンパス向きにすれば、利用できると思いました。この企画はもちろん、かつらぎ会で働いていたイエズス会の同僚と衝突しました。摩擦もあり難しい問題でしたが、当時は他に道がなく、企画を実行しました。

今はその六号館もなくなりました。重要な活動が別の企画に便乗する時によくあることですが、現在のキャンパス・ミニストリーは巨大な新二号館の中、迷子になり誰もたどりつけないような分かりにくい場所に、きれいなチャペルと共に鎮座しています。宣教活動そのものにとって必要な、誰にとっても分かりやすい場所、というポイントが、煙のように消え失せました。だから四谷のキャンパスを訪ねると悲しくなります。当時、申し訳なかったのですが、その立地の良さのために、私はかつらぎ会をキャンパス・ミニストリーとして作り変えました。今は大きな新二号館の片隅で、そこにチャペルとキャンパス・ミニストリーがあることを、ほとんど誰も知りません。

——当時、キャンパス・ミニストリーはどのように機能し、何を学生に提供していたのでしょう。

A　今はもうなくなりましたが、当時、キャンパスの学生寮には三階に五十人ほど収容できるチャペルがあり、これを毎日の活動に使いました。上智のイエズス会の同僚と手分けして、毎日昼休みに教員と学生のためにミサを立てました。毎回三十人前後の参加があったと思います。私の下で哲学修士まで修めた元学生一人と、援助会の日本人シスターがスタッフとして協力してくれました。シスターには上智の女子学生が悩みを打ち明け、また同僚の寄稿を募って定期的に冊子を発行し、キャンパスの大きな行事、例えば入学式や卒業式の宗教的側面を私たちキャンパス・ミニストリーが担当しました。

——そういう行事には学生の両親や知人は集まるのですか。

A　はい。四谷キャンパスのそばに聖イグナチオ教会があり、大学は大きな学校行事に教会を使うこともできました。従来は入学式のミサが行われましたが、私たちはミサを言葉の典礼に置き換えました。新入生とその関係者にとって、ミサで歌を歌い乳香を焚くのは、お寺でお坊さんがお経を読むのと同様に、内容は理解されず雰囲気だけが受け止められることになります。それよりも、キャンパス・ミニストリーとしては意味あることを伝えられる言葉の典礼を、このような学校行事の時に提供するようにしました。

――ユニバーシティー・チャプレンとしての務めは、なるべく多くの学生に洗礼を授けることではなかったのですか。

A 教会から見た大学の目的は、洗礼を授けることではなく、キリスト教がその国に市民権を得るために寄与することです。大学としては学問研究を重視し、授業を信仰を語る場にしないことで、かえって学生の信頼も得られ、後に自由意志で洗礼を受ける学生もいました。昔は長崎の教会が日本で最大の信者数を持ちましたが、四谷の上智大学のそばの聖イグナチオ教会はそれを上回るようになりました。カトリック教会にとって学校教育は福音宣教の手段ではありませんが、そのための環境作りとして必要なものだったのです。

今は少し変わりましたが、私が日本で働いた当初の数十年間、キリスト教は日本人にとって、ずっと何か外来の違和感のあるものであり続けました。ヨーロッパでも自分の娘が突然イスラム教徒になりたいと言い出したら、自分の家族にとってこれはなじみのある伝統的な宗教ではない、と言うでしょう。日本の親も自分の子供のキリスト教入信に対して、同じような反応をしました。

その上、当時、日本では悪質な新興宗教も増えていました。政治目的のグループや信者から財産を最後の一滴まで絞り取る宗教団体もあり、宗教は総じて社会的には敬遠されるものと感じられていました。

——宣教師たちが戦後、期待していたのとはまったく裏腹に、ですね。

A　戦争直後は仏教でさえも国内では衰退しました。法律上は仏教僧は結婚が可能になり、肉を食べ、酒を飲むこともできるようになりました。しかしそれで仏教の僧侶たちは尊敬の対象として崇められなくなりました。

——人々の模範にはならなくなった。

A　日本のテレビドラマでの仏教僧侶の扱い方は、共産党政権によるカトリック司祭の扱い方と似たようなものです。共産党政権は司祭を滑稽な姿か、あるいは人々に水を飲め、質素に生きろと説教しながら自分はワインを飲み贅沢をする偽善者として扱いましたね。
　日本の旅行者がヨーロッパに来ると宣教師たちに「説明されたことと違うじゃないか。ヨーロッパでは誰もキリスト教を信仰していないじゃないか」と言います。同じ幻滅をヨーロッパ人も日本で味わいます。禅のスピリチュアリティーに興味を持ち期待して日本を訪れたのに、日本の社会自体は禅のスピリチュアリティーに社会の刷新を期待しているわけではない、ということを見て、幻滅するのです。

――日本社会における新興宗教（カルト）のあり方はどんなふうに変わっていったのでしょう。

A　第二次世界大戦後、アメリカ占領下で宗教の自由が認められます。宗教団体は税金も優遇されました。法律の抜け穴を見つけて自分の金儲けに利用する点は世界共通です。雨後の筍のように次々と新興宗教が現れました。政府が宗教団体の良し悪しを判断することはできません。一九九五年、オウム真理教による東京地下鉄サリン事件はヨーロッパでも広く知られていますね。麻原、本名は松本というそうですが、彼は若い頃から視力が不自由な一方、野心家でした。当初は万能薬的漢方薬を販売しましたが詐欺として訴えられます。薬で失敗すると今度は宗教団体を始めます。あらかじめ別の新興宗教に入信して見習いをしながら準備をし、ついに自ら宗教団体を創始しました。

――その団体は金儲けの手段として作ったわけですね。

A　はい。それでうまくいきました。信者には、一生面倒を見るからオウム真理教にすべての財産を寄贈するよう、約束させたようです。入信書には家の引き出しに余っている切手の数を記入する箇所まであったと聞きます。オウム真理教は選挙で国政進出を目指しますが落選します。まともな方法で失敗し、強引な方法に切り替え、ますます悪に傾いていきました。ハルマゲドンの準備をし、東大など一流大学の優秀な学生を引き入れ、化学薬品を購入しサリンなど大量殺傷兵器の生産を始めました。日本中に信者が増え、自称二百五十万世帯いたと言います。当時カトリックは四十万人ですから相当な数字です。海外にも進出してソ連に信者を作り、そのつてでソ連からヘリコプターを輸入する話が進行中で、大都市上空からサリンを散布する計画だったそうです。

――上智大学周辺には新興宗教団体がいましたか。

A　オウム真理教ではありませんが、いましたよ。強引な団体にいったん入ると、だいたい一年以内に大学を離れ、家族との連絡も途絶えました。ご両親が大学にやって来て、どうしてキャンパスでそんな活動が許されるのか、と苦情をいうこともありました。

――キャンパスではおおやけに、あるいはおおやけに近い形で、新興宗教が活動することもできたようですが、問題にはなりませんか。

A　とても微妙な問題です。キャンパス内で宗教活動を制限すると信教の自由の侵害とも取られかねませんし、そもそも少数派の私たちを日本社会が許容してくれていることを考えれば、宗教活動を制限することもできない。信教の自由と、悪質な新興宗教（カルト）から学生を守る大学の自己防衛には、決定的な解決策はありません。

アメリカ合衆国では言葉上の解決策が選ばれましたね。宗教はいいけれど、カルトは駄目。そしてその団体が宗教かカルトかを判断するのは我々だ、と。ハリウッド製西部劇の、我々が正義だ！　というようなシーンを思い出させる、大変勇ましい解決策でした。

第十三章　イワンよ、恥ずかしくないのか——一九八九年——

——一九八九年十二月、チェコスロヴァキアの共産党政権が崩壊しました。当時は上智大学でユニバーシティー・チャプレンに就任されていますが、この年以後、夏休みごとにチェコに行かれているようですね。それまでは一度もいらっしゃらなかったのでしょうか。

A　大学からヨーロッパへ派遣される機会があれば、プラハに寄るようにしていました。例えば一九六九年、西ドイツ政府は自分たちこそ本当のドイツだと示すために、世界中からゲストを招きました。宣教国の地元司教グループとして、アジア、南米から三十人が招待されましたが、都合が合わなかった広島の司教の代わりに東京の白柳補佐司教が送られ、彼のドイツ語通訳として私も同行しました。その時もドイツを回った後、私だけプラハへ立ち寄りました。

——相変わらずオーストリア国籍だったのですか。

A　はい。一九六九年、招待された三十人の司教たちは西ドイツ政府の準備したコースでドイツを回り、至れり尽くせりのもてなしを受けました。西ドイツ政府にとっては西ドイツこそ本当のドイツであり、東ドイツを最後まで占領地区と呼んでいました。三十人の中に南米から来た四〜五人の若い司教たちがいて、解放の神学とマルクス主義的社会分析に燃えていました。彼らは共産主義こそ未来だと考えていたので、彼らに対しソ連支配の実態を示すため、西ベルリンから東ベルリンへの訪問もプログラムに組み込まれていました。

——一九四五年、第二次世界大戦におけるナチスドイツの降伏後、ベルリンはオーストリアのウィーンと同様、米英仏ソの四か国により分割占領されました。米ソの軋轢からベルリン封鎖が起こり、ベルリンの東西で西ベルリンと東ベルリンとに市政が分裂します。一九四九年にはドイツ連邦共和国（西ドイツ）とドイツ民主共和国（東ドイツ）が成立し、地理的には東ドイツ内に位置するベルリンは、その西半分、西ベルリンだけが西側の占領地域のまま、東ドイツにおける西側の飛び地のように残ってしまった。東ドイツの若者がこの西ベルリン目指して流入し、西ベルリン経由で西ドイツへ大量に亡命します。東ドイツは自国の若年労働力の流出を防ぐため、一九六一年八月、西ベルリンをいわゆる「ベルリンの壁」で囲いこみ、東西ベルリン間に検問所を設けましたね。

A　ですから私たちの東ベルリン訪問も、まず飛行機で西ベルリンに飛び、そこからベルリンの壁に設置された国境検問所「チェックポイント・チャーリー」を通って東ベルリンに入るわけです。西ベルリンは当時西ドイツが資金を注ぎ込んでいたおかげで、西側の大都会と同様、活気あるモダンな町に見えました。しかしベルリンの壁の向こうには殺風景なスターリン時代の冷たい町、時計が止まったような町が広がっていました。

東ベルリンで討論し、東ドイツのイエズス会士は共産主義の実態を話しましたが、南米の若い司教たちは相変わらずマルクス主義の実現した社会を夢見ているようでした。討論が終わり、私たち訪問客に葉巻が勧められました。でも共産圏では葉巻は貴重品ですから皆が遠慮すると、東ドイツのイエズス会士は、「そうですね、そういえば私たちの葉巻を平気で吸える人たちは、私たちの血も飲める人たちです」と、あたり前のように言いました。

帰りに検問所の渋滞に差しかかった時、数台先に退屈して車の外に出、冗談を言い笑いあうスペイン人の一行がいました。私たちのタクシー運転手は西ベルリンに留学していた若いイギリス人学生のアルバイトでしたが、「兵隊は人が笑うのがたまらないようですから、待ち時間が延びるでしょう」と言い、実際、検問所は三十分閉められてしまいました。彼らのことを笑っていると誤解したのか、それとも人民は笑うべきでなく、働くべきと思っていたのかもしれません。検問所の東ドイツ兵士の表情に、第二次大戦中、ヒットラーがチェコを保護領化した時代の風、ナチスドイツの兵士の傲慢さと同じ、寒々とした雰囲気を感じました。三十分待たされて誰もが笑いを失い、パスポートを返してもらい、西ベルリンに戻りました。チャーチルの言うように、バルト海からアドリア海まで、ヨーロッパ大陸を横切って鉄のカーテンが降ろされていたのです。

——これがチェコの民主化、「プラハの春」を潰した一九六八年八月以後の事情ですね。あの時のソ連のチェコ進攻は日本では報道されたのでしょうか。

A　はい、報道されました。それで日本人はチェコスロヴァキアという国がどこにあるか、やっと気づいたのです。ワルシャワ条約機構の戦車侵攻のおかげで、チェコへの同情心が日本人から感じられました。反対にフランクフルトで一緒に神学を勉強したドイツのイエズス会士たちから後で聞いたことは、ロシア人がプラハへ戦車を送り込んでほっとしたということでした。

——ほっとした、というのですか？

A　西側諸国ではチェコのドゥプチェクの提唱する「人間の顔をした社会主義」を脅威と感じたのでしょう。西側の人々がこれを魅力的に感じたらどうなるかと心配したようです。彼らからすれば、幸いソ連のブレジネフがこれを潰したので、ほっとしたというわけです。

——チェコを訪れる際は、オーストリアのご親戚にお会いになりましたか。

A　一九六九年、東ベルリンへの招待訪問を終えると、当時ウィーンに住んでいたイェンダ兄さんを訪ねました。結婚相手のウィーンっ子、エリカさんは再婚で若い娘がいました。別に兄との娘、五歳のアンドレアもいて、兄夫婦と下の娘、それに私の四人でプラハへ行くことになりました。私以外の三人はチェコスロヴァキア大使館で三日間有効のビザをその日の朝、取得しました。当時、国境付近の人々が付き合うためのオーストリア人の特権だったそうです。私だけが受け取れませんでした。パスポートの写真に司祭服で写っており、職業は司祭とあったので、この場合プラハでの同意は先に取得しなければならないと言われました。結局その日の遠足はご破算になり、プラハに問い合わせれば私が追放処分になったことが分かり、決してビザはおりないと覚悟しました。兄は「クラウスのところに行けよ。何とかしてくれるから」と言います。クラウスとは当時のオーストリアの首相ヨゼフ・クラウスのことです。彼が春に来日した時、熱心なカトリック信者として上智大学を訪れ、上智としてもオーストリア人イエズス会士がいることを示すため、私が首相のそばに並ぶこととなりました。しかし首相は毎日大勢の人に紹介され、いちいち覚えていないから彼のところへ行ってもどうなるものでもないと、私は答えました。

それでも結局、兄嫁とその日の午後、首相事務局に行ってみることになりました。入口でも止められず、無造作に中に入れました。廊下を彷徨っているとビザ部門と書かれた扉があります。ノックして中に入ると、広いホールの片隅の大きな机に役人が一人、暇そうに座っていました。事情を話したところ「チェコ大使館にテレプリンターがあることは知っているか」と言います。知らないと答えると、これを使えば十分で返事が来るし、相手もこれをもってるよ、大丈夫、もってる、もってる、と繰り返すのです。

――もってる、もってるって、何を言おうとしているのでしょう。

A　多分ウィーンのチェコ大使館なら私のビザ願いをその場で片づけられると言いたかったのでしょう。こういう時どう対処したらよいかは、フランクフルトで身をもって学んでいました。フランクフルトの神学院院長と最初に対面した時、向こう四年間の神学院生活のアドバイスをされ、諸注意の最後に言われました。「町の映画館に行きたければ院長の私に許可を求めなければならないが……（ここでドラマチックな間をはさんで）……許しはおりません」と終わったのです。それから四年間、私たち学生にとって、許し無しに映画を見に行くことがスポーツになりました。それぞれやり方は違いましたが一人のスペイン人同級生が、これをやれば常に安全に許しがもらえるという天才的な抜け道を考えます。

神学院には院長の他に直接学生の面倒をみる役割の教員、ミニスターがいました。スペイン人同級生は院長の留守の日を見計らいミニスターの教員のドアをノックします。何が望みかと聞かれ、まず「精神的に疲れてしまったんです」と言うそうです。「勉強は大変だからね。ドイツ語の勉強もあるしね」。「いやもう本当に参ってしまったんです」。「どうしたいの」。こんな会話が交わされて、そこでどうしても映画に行く必要があると懇願する。院長がいないので許可は出せないと言われますが、ここからひと言も発せず立ちつくすそうです。気まずい沈黙が流れて、もう時が止まってしまったかと思われるころ、耐えられなくなった教員のほうが「じゃあいくら必要なんだい」と切り出す。「十マルクです」と答えて映画館に行けたそうです。

——その手を使おうとされたのですね。

A　はい。私も何も言わず、ただじっと待っていました。例の気まずい沈黙が流れます。向こうもこっちも気まずい思いをしていますが、少なくともこちらは自分の意志でしている分だけ気は楽です。我慢できなくなったオーストリアの役人は、「大使館に電話をかけましょうか」と言ってくれました。そして受話器を置くと、「明日の朝一番にビザを取りに来なさい。裏の入口に回りなさい」と。こうしてビザを手に入れました。しかも無料で。兄はしっかり手数料を取られたようでした。役人は、「片手は片手を洗うっていうけど、国と国も持ちつ持たれつさ」と肩をすくめました。当時建前上は不都合な、どれほどの数の持ちつ持たれつが、右手と左手の間で洗い流されたのでしょうか。

——鉄のカーテンの内側で見た世界は、どのようなものでしたか。

A　旧式のメルセデスベンツに乗り、イェンダ兄さんの運転で国境の検問所に向かいました。国境付近には人っ子一人おらず、動いているのは私たちの車だけです。五〜六メートルの高さの鉄塀が十メートルの間隔をあけて二重に国境を囲み、鉄塀の間に設置された櫓に機関銃を持つ兵士がいます。ナチスの強制収容所の入口そっくりで、違うのは「働けば自由になる」と書いてないことぐらい。検問所に着くと国境警備兵が出てきたのですが、上がっていたゲートを下し、姿を消しました。三十分私たちを待たせ、ようやく出てくると車を隅々まで調べます。三日間毎日どこに泊まるか書類に書き入れ、しかも宿泊地の警察にいちいち滞在届を出さねばならないと言われます。架空の住所を書き、一日いくらと決まったオーストリア・シリングをチェコ・コルナに両替。非現実的で法外なレートでした。物好きにもチェコに入る罰金として支払うようなものです。チェコの警察は私たちを逮捕したければいつでもできるし、宿泊地の警察に届けがない理由で、三日目に出国する時にも逮捕できます。西側は東側に入る者は自己責任扱いで助けてくれませんから、完全に東側の手中にはまったようなものでした。

——手中に、はまるとは?

A　架空の住所のことです。事実を書くと宿泊先の相手が取り締まりを受けるし、宿泊地の警察にその都度届けると、手続きだけで一日費やされるので動きが取れないため、誰も届けません。どちらの件でも帰りに締めつけようと思えば、できるわけです。

検問所を過ぎミクロフという町に入ったところでタイヤがパンクしました。たちまち周りに七～八名の若者が集まり、メルセデスをめったに見ないせいか興味深く私たちを観察していました。タイヤは新式のもので、兄は取り換えながら、替えはないから二度とパンクできないと漏らしていました。このタイヤに関してはチェコスロヴァキアに修理の技術も設備もありませんでした。

少し進むと今度はスピード違反で警察に止められ、罰金を支払うことに。オーストリア・ナンバーの車を待ち受けている罠にはまったのです。

さらにプラハへ向かい標識にしたがって四十分進むと、森のど真ん中で道が終わっていました。これは一九六八年八月にソ連がチェコの民主化を潰すために戦車を送った時、進攻するソ連軍を惑わすために出した標識で、それに従った私たちは見事に袋小路に入りました。村や小さな町を通ると家の壁に、「イワンよ、恥ずかしくないのか」とうっすらと書かれています。一九六八年当時チェコ人が戦車のロシア兵に向かい憤慨して残したメッセージでした。ソ連占領中にペンキで消されましたが、雨でペンキが流れ、イワンよ……の文字が透けて見えるのです。その一方であちこちに共産圏の公式スローガン、「ソヴィエト連邦よ永遠なれ」が表示されています。メッセージとスローガンの響き合う印象は、たまらなく不愉快なものでした。

——東ベルリンよりひどい光景でしたか。

A　ひどいでしょうね。この時はオーストリアの祖父の親戚のところに立ち寄り、そこからプラハへ向かいましたが、道でロシア兵の乗るソ連のパワフルな軍用車に追い抜かれました。彼らは自分たちの車の性能がメルセデスより優れていることを見せつけようと決心したようです。イェンダ兄さんも負けず嫌いで、プラハまでのでこぼこ道を二台の車が抜きつ抜かれつフルスピードで爆走し、迫真のカーチェイスをくり広げました。

——そして数十年ぶりのプラハは、いかがでしたか。

Ａ　ひと言でいえばショックでした。町に近づくにつれてプレハブ式の集合住宅が増えてくる。影絵のような町と言いますか、フランツ・カフカの小説を上演する舞台装置のように思えました。集合住宅の一群を通り過ぎて初めて私のプラハが見え始め、やがてプラハ城が姿を現した時は、ほっとしました。

――プラハのイエズス会士を訪ねましたか。

Ａ　あの当時、イエズス会士はプラハでは働いていませんでした。

――おおやけには活動できなくても若干、多分地下組織で頑張っている同僚との連絡は。

Ａ　後にチェコへの訪問を繰り返すうちに、連絡先を探し当てました。しかしこの最初の時は、数日プラハで過ごし、ウィーンへの帰りにまたもやミクロフを通りました。入国した時とは違う兵士がいて、車体を丹念に調べてから通してくれました。

東京に戻り、最初に時間ができた時にオーストリア大使館に行き、新しいパスポートを作りました。ネクタイ姿の写真を張り、職業欄には教授と記入。大使館の役人は私を疑いの目で眺め、あなたもですか？　と言わんばかりの顔でした。あの時期は第二バチカン公会議の後で、相当数のカトリック司祭が還俗して司祭職を離れていたのです。でもそれ以来、チェコへの三日間のビザは問題なくもらえるようになりました。

――チェコへは頻繁に行かれましたか。

A　それほどでもないです。仕事でヨーロッパに出かける時、ついでにプラハを訪ねるようにしていました。東西交流の会議に派遣された時、図書館の下見にアメリカ、ヨーロッパを周った時など、来たついでにそっとプラハに入りました。ドイツ人の団体旅行に加わってチェコに救援物資を運んでいた、ドイツのイエズス会士と知り合い、チェコのイエズス会士の住所を手に入れ、私も昔の同僚と会うことができました。

同僚の一人がプラハのポドリーに住んでいることが分かり、彼のもとに昔の友人五人ばかりが集まり皆で近況報告しましたが、解散するのに二時間かかりました。共産党政権下では、イエズス会のように禁じられた団体が三人以上集まると、法に触れることになります。三十分の間隔を開け、一人ずつ入口から出て行くようにしたので、二時間かかったのです。皆ばらばらの場所に住んでいましたが連絡はしていました。秘密の管区長だった神父は建設現場の機械運転士が表向きの職業で、その時はブルノ市で母親と住んでいました。カメンナー通りの彼の家を訪れたことがあります。玄関で呼び鈴を鳴らしてもなかなか出てきません。留守だろうと思い、十五分ぐらい待ってもう一度鳴らすと庭の方の扉が開きました。彼は実は家にいたのですが、内密に何人か神学生を集め、ミサをしていて開けられなかったということでした。チェコ国内にイエズス会士はいましたが、イエズス会の組織は存在しないことになっていました。

——このようにイエズス会がまだチェコスロヴァキアで存続していたことを確かめたと。

A　イエズス会として活動していたのではなく、イエズス会士個々人として活動していたのです。

——ところで一九六八年頃、日本では大学紛争の時代ですね。ヨーロッパでも「プラハの春」など民主化の動きがありました。日本のメディアではこういう状況はどのように報道されていたのでしょうか。

A　あの当時は大学紛争が激しい時期で、上智大学の存続がかかった争いの真っ最中だったので、ヨーロッパについての日本の報道に注目する余裕が、私たちにはありませんでした。プラハの春についての報道はあり、日本人は同情的でしたが、そのような事情で、私たちが深入りする余裕はなかったのです。ただ日本人が当時もっとも注目していたのは、多くの犠牲者を出した中国の文化大革命でした。日本のメディアは文化大革命の話題に明け暮れ、中国人を脅威に感じ始めました。

——当時、文化大革命が本当に日本に対する脅威となる根拠があったのでしょうか。

A　中国は世界の中心であると自称しています。国名自体がそうですね。世界の真ん中の国、宇宙の中心の意味です。三千年の歴史を持ち、東西南北に住んでいるのは野蛮人にすぎないと思っている。ヨーロッパ人は南蛮人、つまり南の野蛮人です。ヨーロッパの黒船は南のマカオや東インドから来ますから。日本人は東夷、東の野蛮人です。それ以上でも以下でもない。彼らはいつも中心にいます。幸いに「木は天まで伸びるものではなく」、毛沢東の中国とソ連共産党が協力体制をとることはありませんでした。協力していれば大きな脅威となったでしょう。総じて言えば日本ではヨーロッパの政治的状況よりも、戦後の中国の東南アジアへの影響力のほうに注目が集まっていました。

――東ヨーロッパで一九八九年に共産党政権が崩壊しますが、驚かれましたか。あるいはソ連崩壊の兆候が日本から眺めると見えていたのでしょうか。チェコの中で生きていた私たちよりも距離があるため、かえって良く見えていたかもしれないと思いまして。

A　いいえ、皆さんと同様、私も驚きました。ソ連と長年冷戦状態にあった西側諸国にとって、ベルリンの壁の崩壊は予想外の出来事でした。日本で当時をふり返って解釈する報道では、東ブロック崩壊のきっかけはゴルバチョフが東ドイツのホーネッカーに、東ドイツ駐屯のソ連軍は介入しないと伝えた発言だと言われていました。そこから誰も止めることのできない一連の出来事の雪崩が起こったと。

――独立した自由なチェコスロヴァキアを一九九〇年に訪れた時は、どのように感じましたか。

A　ソ連崩壊後、チェコが独立した時、昔の修練期時代の同僚だった管区長は私にチェコに応援に戻るよう、連絡をくれました。しかし修道者としては目上の指示に従うので、日本の管区長に要望を出してほしいと答えました。私はチェコが共産党政権になったから日本に宣教に来たわけではなく、共産党体制崩壊が日本を去る理由にはならないと思ったのです。

それでも一九九〇年にチェコスロヴァキアを訪ねた時、私のチェコ語がまだ通じ、チェコ語で説教ができ、修道女の黙想会で実際にチェコ語で指導できることを確かめました。その夏にはイエズス会の黙想会も引き受け、そこで隠れ家から出てきた大勢のイエズス会士たちと会いました。秘密に入会し、初対面の人たちもいました。

二つの黙想会が無事終わり、その後、毎年上智の夏休みの八月九月は、チェコのイエズス会士の応援に出かけ、黙想指導にあたっていました。スピー神父がチェコの管区長になった時、日本の管区長に、私が七十歳で上智大学を定年退職した時にサバティカル、つまり研究のための長期休暇があるなら、プラハのチェコ管区の手伝いに送るよう要請が行われました。

——またもや一時的ですね。

A　日本の管区長は二年間のミッションとしてプラハに派遣するといい、私は生まれ故郷のプラハへ引っ越すことになりました。

――本音としては、プラハへ戻りたかったですか？

A　この件に関していえば、私は命令に対する、また母国に対する、反発も熱望もなかったのです。指示された場所で、今のところはプラハで、楽しく仕事をしています。それは別の所へ派遣されても同じだろうと思います。割り当てられた仕事を引き受け、必要な時に何の悔いもなく離れることは、とても健全なことですよ。

――それでも東京で展開していた様々な活動を終わらせるのは、たやすいことではなかったでしょう。

A　ピタウ神父は上智の学長だった時に、教職員の定年を六十歳に定めました。必要な場合には一年契約で延長することが可能でしたが、それでも六十五歳まででした。年寄りの教員が若手の後任教員のキャリアの妨げになるだろうし、学生にしても、業績を持つ老人の同じ講義を聞かされるのは願い下げでしょう。しかし六十五歳になったイエズス会士の教員を退職させるとある分野の専門家を失う結果になる場合には、イエズス会士に限り定年を七十歳まで延長することが許されました。

ですから先ほどのご質問に関していえば、私は一九九八年に七十歳になりました。教えることはできなくなり、ユニバーシティー・チャプレンとしての任務も若い同僚に譲らなければならない。できることは、あちこちのお手伝いでした。また日本に残った場合、様々な修道女会経営の女子学校や短大の学長になる道があります。実際、その時に大阪の短大学長としての打診がきていました。その事情をプラハの管区長に伝えると、プラハは日本の管区長との交渉に踏み込み、私はプラハへ引っ越すことになったのです。

――チェコへ戻られた時、念頭にあったのはイエズス会のための活動だけでしたね。

A はい。管区長の補佐になりました。私の任務は主にローマにあるイエズス会本部との交渉、書類のやり取りです。その他にプラハのイエズス会の教会でのお手伝い。二年という期限が早くも終わった時、私のプラハ滞在を一年単位で更に延長することを、チェコの管区長と日本の管区長が決めました。

――どのような経緯でプラハのカレル大学神学部で教えることになったのですか。

A チェコの司教団は毎年誰かを招いて霊操を行う習慣がありました。その年はパヴリーク神父をお招きしたのですが、御病気で入院され、代わりに私がその役目を引き受けることになりました。黙想会はドイツの小さな町、フィアーツィーンハイリゲンで行われ、私は司教団とそこで一週間を過ごし、ヴルク枢機卿とも知り合いました。彼は後にカレル大学カトリック神学部の教授陣を整えた時、私のことを思い出し、取りあえず一年でもいいからと誘ってくれたのですが、結局、二〇〇二年から八年間教えることになりました。

その後、二〇一〇年にカレル大学を退職してからは、一司祭としてプラハのイエズス会の教会のお手伝い、また依頼された講演や黙想指導をしながら、現在に至っています。

第十四章　隙間の神でなく

――ご自分の人生の中で、神の導きを感じられたことはありますか。

A　やみくもに遠くに石を投げたら窓ガラスが割れたとします。二度同じように投げることはできないでしょう。たとえ窓に狙いをつけても、うまくいくとは限りません。望みどおりの結果だと自分の中で解釈しても、この事実は変わらない。逆に言えば、何が起こるかを事前に予測することはできそうもないということです。自分の人生を振り返ってみても、プラハのヌスレ地区の出身で私の育ったのと似た家庭環境から出てきた少年が、イエズス会士になり生涯を日本で過ごすなど、まったくありそうもないことに思えます。この出来事は、ただ、起こったのです。神の導きと言わずして何と言うべきでしょう。「インテリジェント・デザイン」という表現もありますね。ですが、知性を持つ何かにより生命や宇宙のシステムが設計されたとする、インテリジェント・デザインの思想が想定する知性ある存在よりも、神はずっと優雅に宇宙や生命を設計されたのではないかと思います。

私の尊敬する聖アウグスティヌスが言っています。「神は決して自然に反するふるまいをなさらない。今もそうだし、将来もそうだろう」と。物事をじっくり観察すれば、万事が自然の法に則って進むことが分かります。神は人間のように考え込むなどということはなく、あくまでも優雅に万事を腕の中に抱きとめて下さる。

——神は自然を尊重なさっているということでしょうか。

A　私たちの自由を尊重なさっています。現時点で科学で説明できない部分、科学の隙間に神の介入を見ることは、「隙間の神」の発想につながります。隙間の神はさながら時計修理屋のようです。時計は完全に正確には進みませんから、隙間の神が時々針を指で動かしながら出来事の流れに関与するというわけです。しかし、実際には神はこれとは似ても似つかない、介入の必要のない天地を創造された方です。

——つまり、そもそも神は、もともと飛んでいた石を投げた方なわけですね。

A　隙間の神という発想だと、神は常にこの世界をところどころ手直ししないといけないことになる。科学が進歩すればするほど隙間は埋められ、時計修理屋は余計者扱いされます。東京大学で理論物理学を研究していた山内教授は私のようなイエズス会士をからかって、「科学が発展途上にあるうちは宗教が必要だけど、いずれ終わりまで行き着いたら、必要なくなるだろう」と言っていました。これが隙間の神の発想です。彼はその後、物理学が肌に合わなかったようで、哲学の道に進みました。もっとも彼によると「三十歳になると物理学者は役に立たなくなる。三十歳以上の物理学者は大学指導部に残るか、何もしないか、哲学をするかだ。自分にとって哲学は何もしないことと同じだから哲学をすることにした」ということです。彼は国立大学を退職した時、上智大学理工学部に転任しました。そしてプリンストン大学のオッペンハイマーの下で理論物理学を学んだ日本人のイエズス会士、柳瀬睦夫神父から死際に洗礼を受けました。

——言葉と思考は切っても切れない関係にあると思いますが、ご自身の思考にどのような点で日本語が影響を与えていると思われますか。

A　ノーベル賞受賞者のヴェルナー・ハイゼンベルクが日本を訪問した時、物理学者の糸永教授や先述の山内教授と対談することになりました。私は通訳の大役を引き受けることになったのですが、同時通訳は想像以上に大変でした。会議などの同時通訳はふつう二人組で行い、十五分ごとに交替します。通訳していない方は休憩中ではなく、相方の訳し落としに注意しているのです。もちろん通訳者には専門領域に近い人が選ばれるものです。ところが、私の専門は近現代の哲学で、そんな私の前を物理学の専門用語が飛び交うことになったのです。辞書を開く余裕なんてありませんし、それに加えて日本語の語順がやっかいでした。日本語はインド・ヨーロッパ語とは語順が反対で、文を後ろから前に訳していくことがあります。インド・ヨーロッパ語の言語では、まず主語が置かれ、述語が続き、動詞の形から当座の話題が肯定的に扱われているか否定的かはすぐ判断できるものです。一方日本語では動詞が最後に来ますから、話している内容を主張しようとしているのか否定しようとしているのか最後まで分からないままです。外交官が日本語を習得したらフランス語に代わる言語として、国際外交の舞台で重宝されると思いますよ。十五分間話したって肝心なことを言わないでおける言語なんてそうはないでしょう。

――日本語ならば終わりまできたところで、それまで話した内容をすべてひっくり返すことができるのですね。

A　ですからあいまいさをよしとする外交言語にはまったくふさわしいと思うのです。興味の尽きない魅力あふれる言語ですよ。もっと言えば翻訳不可能な言いまわしが日本語には多々存在しますね。テレビ対談で山内さんが場をあたためようとして糸永さんに、「ハイゼンベルクさんのご自宅を訪ねられたそうですね」とおっしゃったのですが、それに対する糸永さんの返事が「まあ、ええ、それはどうも」だったのです。これは何をも意味していません。何とも美しい返答ではないですか。行ったのか、行かなかったのか、正確なところは分からない。一体どうやってドイツ語に通訳すればよいか途方に暮れましたよ。

――日本語は外交官にとって理想的な言語だとおっしゃいましたが、そこにはもう少し別の意味もあるのでしょうか。

A　日本では価値の序列の最上位にあるのは礼節で、婉曲な表現に高い価値が置かれます。本当のことを言うと人を傷つけてしまう場合がありますから。例えば誰かに「あなたのところには何人が来たの」と尋ねるとしましょう。インド・ヨーロッパ語では「三人です」とはっきり答えるでしょう。人数が多かろうが少なかろうが、それは質問内容とは関係のないことで、はぐらかす必要はありません。ですが日本語では「だいたい三、四人かな」と答えることがある。

――質問者が期待する答えを探るわけですか。

A　失礼にあたらないよう配慮して、相手の気持ちに合わせるのでしょう。今のは少々冗談みたいな例かもしれませんが、基本的問題についても似た状況にあります。

――でもそれは対話を損なうのではありませんか。日本の社会においても、物事を正確に伝えることは大切でしょう。正確さを重視する原理にあいまいさを重んじる原理が混ざると、社会が機能しなくなるのでは。

A　まあ、日本人は自国の文化と民族の性格を考え、時と場合により原理を使い分けていますから。毎朝のラッシュアワーの駅のホームは、日本の伝統的文化にない場所ですから、礼節は適用されません。

――治外法権の場にでてしまったわけですね。

A　もちろん日本人はアリストテレス矛盾律の論理学も身につけています。駅に入ってくる列車に要求されるのは時間表通りに走り、ドアがホーム上の正確な位置で開くことです。でもこのような列車に乗り、精神的宗教的問題についてキリスト教の神父に話しに行った場合、そこで約束の時間内に話し終えるかどうかについては、また別の原理が適用されます。

黒板に三角形を描いたなら、普通は黒板から切り取られたその三角形について考えればよく、残された部分についてては考察の対象にはなりません。ところが宗教的人生的問題では、日本人は切り取った明確な概念よりも、切り取られた背景に興味を持ち、むしろ背景こそが興味の対象となる。精神的な面で日本人はかなり特異な性格を持っていると思います。

――切り取った後の黒板の話をするのですか。

A　三角形を黒板から切り取り、黒板を部屋から、部屋を家から、家を町から、町を地域から……こうして次々に切り取っていって残される最後の背景、すべての発端であるこの最後の背景を定義するのは不可能です。最後とする以上、さらに別の何かから切り取ることはできないからです。

――アリストテレスの矛盾律論理学は使えない。

A　そこが矛盾律論理学の行き止まりです。神について話そうとすると、究極の背景について話すことになります。そのような時には矛盾律論理学ではうまくいかないことを知っておかねばなりません。

――そのことは、うすうす感じてはいましたが……。

A　私たちも分かっているのです。神は公正であり恵み深いということを。しかし矛盾律論理学にあてはめるなら、公正か、憐れみ深く寛大か、どちらか一つです。神が公正ならば私たちには救いがなく、神が寛大であれば私たちはしたい放題に生き、道徳的基準がなくなる。

――ではキリスト教の最後の審判はどうなるのでしょう。

A　これに対し私たちはうまく応えることができません。だからアリストテレスの矛盾律論理学に限界があることは認めなければならないでしょう。

この点、論理学が必ずしも機能しないことを知っている日本人は、微笑みながら言います。生と死は一枚のコインの裏表のように同じことだと。これは無論滑りやすい危うい論理です。これに沿っていくと善悪もコインの裏表になってしまう。善悪が同じとはさすがに日本人も言いません。

――正義の神と憐れみの神についてのパラドックスはどうしたらいいのでしょうか。

A　私は聖書と聖イグナチオの霊性の中で御復活の神秘の本質に触れました。御復活の本質はイエスの十字架であるか、その復活であるか。そこですばらしく開放的な信仰の体験がありました。つまり十字架の死の本質と復活の本質は同一のものだということです。イエスにとって死ぬことは完全に神のものとなること、自分を神の懐に無条件に委ねることを意味していました。私たち皆この一生、日々自分を神に委ねようとしています。しかしこの地上で生きる限り、自分を完全に委ねることにはなりません。常に何かを自分のものとして残してしまう。私たちのチャンスは死なのです。死に臨むその場において、自分を余すことなく神に委ね、自分には何も残らないよう神に自らを手渡すことができます。

――まったく何も残らないのですか。

A　魂の不滅を主張することは、この際差し控えるほうがいいでしょう。魂の不滅は古代ギリシャ人の憧れを表現したものです。人間は死ぬ時には自分を神に手渡し何も残りません。存在しなくなります。存在しないという、このことを絶望的、ニヒリスティックに受け取り、世の中に意味はない、すべては死で終わる、という受け取り方もあるでしょう。しかし少なくとも一生に一度、神を無条件に信頼し、神の懐に自分を委ねると考えることもできるのです。防護ネット無しにロープ上を綱渡りするように。十字架の死の本質は、完全に神のものとなり自分を余すことなく神に委ねることです。そして永遠の生命の本質は、完全に神のものとなること以外の何ものでもありません。生と死は同じコインの裏表であるということが、実は私たちの信仰の中心にあることに気づきました。私たちの信仰が全うされるところで、生と死が同一のものであることが示されています。

――死は生命の交差点、生と死という異質なものが出会う場、という意味でしょうか。

Ａ　死は生命が頂点に達する場です。聖イグナチオの霊操でグループを指導する時、くり返し言います。死をまるで目標を達成する前に止まってしまった惜しむべき断絶のように考えるのは間違いです、と。芸術作品が作者の死により未完成に終わっても、ミケランジェロの遺作ロンダニーニのピエタのように、そこに現れるものもあるのです。死は単なる終焉ではなく目標です。人は死に向かって成長し、死に向かって成熟していくものなのです。

――死に向かって成長するのですか。

Ａ　はい。それは神の賜物と言えます。防護ネット無しで神を信じ自分を神に委ねる力を得られるよう、私たちは成熟するのです。生命の目標は死、永遠の死と言ってもいいでしょう。

――私たちがロープから転落して失敗や挫折を味わうたびに、防護ネットは破れているのでしょうか。

Ａ　ネットが破れるというのは悲観的な見方ですが、前向きに捉えれば、失敗と挫折の中で神に自らを差し出そうとする試みが部分的であれできるようになり、そうした試みが蓄積され、最後に神に自らを差し出す瞬間に、その最後の志の中に途中の不十分なものが補われ、すべてが生かされるのです。モザイク画であれば最後のピースが嵌められたとき絵が完成するように、今までうまくいかなかった試みが死の瞬間に全うされるのです。

イエスは偶然が重なって死んだとも言えます。当時ユダヤの人々はイエスに死刑を望みましたが、ローマ占領下のユダヤ人の法廷には、死刑を言い渡し執行する権限がなかったため、イエスをローマ人に引き渡しました。一方ローマ人は異教徒や政治的反逆者を磔刑にすることはありましたが、あまりにもむごい刑なので、自分たちの同胞を磔刑にすることはありませんでした。イエスとパリサイ人や他の人々の間に誤解があり、結局彼は見捨てられました。イエスの死に方には彼の手の届かない要因が働きましたが、それにもかかわらずイエスは進んで死んだのです。その事態を自由に身に受け神に委ねる、という意味でイエスの死は自由な行動でした。そして私たちの場合もそうです。いつどのように死んでいくか、私たちには分かりません。交通事故か、病院でチューブにつながれて死ぬのか、家族に囲まれ自宅で息を引き取るか、私たちの力の及ばないものはたくさんありますが、それでも、自分の行いとして受け入れ、自分の生き方とするという意味で、自由に死ぬことはできるのです。死の時に神に完全に自らを委ねる心が徐々に熟していくとも言えるでしょう。

——だからこれは最後の瞬間の決断の問題ではなく、むしろある種の一生準備されたものの完成となるわけですね。

A　どのようにして死に向かって成長するかという行程を理解するためには、現代の心理学が助けになります。私たちは自分で思うほど自由に行動しているわけではありません。

「人間は理性的動物というよりは習慣的動物である」とはデイヴィッド・ヒュームの洞察ですが、日々の生活を送るのは習慣によっているのであり、私たちは一秒ごとにあれこれ決断を下しているのではない。ジャン・ポール・サルトルは、人間は一瞬ごとに自由な決断をしている、と言いましたが、もしそうだとしたら何もできなくなってしまう。朝、目覚まし時計の音を聞いた時から起きるか寝続けるかを決め、その日、髭を剃るか剃らないかを決め、というようにしているわけではないでしょう。決定は半ば自動的に行われます。中世の神学者たちはそのことをよく知っていたため、倫理学の中心を個々の行動の決定に置くことなく、むしろ美徳と悪徳について語りました。徳は習慣です。美徳は良い習慣、悪徳は悪い習慣なのです。

——良いこと悪いことについてそうだとするなら、悪いことをするとすぐに悪い人間になるわけではないのですね。

Ａ　そう考えることで自分の悩みが取り除かれるなら、それもいいですね。聖イグナチオの霊操で信者に言うのですが、わずか十分の間に七つの大罪を犯すことは不可能です。大罪を背負うには時間が必要です。罪は人の中で成長するものなのです。

　ユダの裏切りを考えてみましょう。ユダは裏切りを即座に決断したのではありません。数か月、徐々に裏切ろうという気持ちが大きくなっていった結果として背信行為があります。イエスも神の救いの計画からして、やがて裏切り者が必要になると予想してユダを招いたわけではありません。イエスがユダを選んだのは、弟子になる素質をもつ人間だと思ったからです。裏切りの歴史が始まる発端は、十二弟子の一人一人がメシア、救い主について、違う思いを持っていたからでしょう。例えばメシアに現実の政治的革命指導者を望む者、メシアによる終末とイスラエル民族の救いを望む者、など様々な予想と希望の中で、弟子たちは自分たちがどんな道に踏み込んだのか分からなかったのです。エルサレムへの旅の終わりにイエスは十二人の弟子たちに、前途には大きな勝利が待つのではなく、拒まれ受難の道になるだろう、イエス自身も民により殺されてしまうだろうと、伝えました。しかし弟子たちは最後まで理解しなかったようです。イエスとの一～二年の旅の間に、ユダはイエスの言葉に自分の希望との相違を見て、少しずつ距離をおくようになり、よそよそしさは最後には不信と裏切りへとつながったのです。

――人間は自分の行動を決定しながら生きるというより、自分の行動を育む存在であり、時間をかけて自分を教育していくことができる。その時々の現状よりも自分の人生の方向性に注意を払わねばならない、ということでしょうか。

A　もちろん、その時々の現状として、私たちの社会には重大な罪が目に余るほど数多くあります。特にそのカテゴリーに入るのはローマ教皇ヨハネパウロ二世が「社会の構造上の悪」と呼んだものでしょう。世界人口の二〇％にあたる第一世界の人々が地球の富の八〇％を使い、生活水準を維持するために第三世界を搾取している。これは見逃せない重大な罪です。しかも第一世界では皆が同じ流れを泳いでいるため、個々人がこれを自分自身の罪と結びつけにくい難しさがあります。しかし少なくとも自分がその流れの中にいるという明確な自覚と、自分なりにできることを実行していくことが重要でしょう。また第三世界への援助は援助への依存度を高めるやり方ではなく、彼らが自立できるよう十分配慮した方法で行われるべきです。

――では、「社会の構造上の悪」以上に重い罪とは何でしょうか。

A　人と自然の中に働く様々な力の背後にある至高の力、神との関係を見失い、生きることへの希望を失い、善悪や正しさについて迷子になった状態が、それにあたるでしょう。しかしそうした状態に至り、本物の迷子になるには相当な時間が必要です。ですから良心の究明により自分の進む人生の方向性を確かめることが大切になるのです。

私はジョゼフ・フックス教授を尊敬しています。グレゴリアン大学で倫理神学を教えられ、すばらしい著作を残された先生です。フックス教授は、何が良いか何が悪いかという意味は、直接に、そして第一義的に、ペルソナを指している、と言われています。良い悪いという言葉が直接指しているのは、ペルソナ、つまり具体的な生きた個人の存在です。行為が良い、悪い、というのは派生的で二次的な意味にすぎない。これは倫理神学において重要な視点です。

よく私たちは良い行為、悪い行為、という。人を殺すのは悪い行為、というように。しかし厳密な意味で良い悪いというのは具体的なこの人が悪い人間、良い人間なのであって、抽象的な行為について話すと論点が宙に浮いたものになります。だからフックス教授のいう眼目は、正しい行為と抽象的な「良い行為」の区別をきちんとわきまえなさい、という点です。「正しいことをする」と「良い人間になる」というのは、同義語ではない。正しくないことをしても即座に悪い人間にならない場合もある。そこにはさまってくるのが具体的な個人、ペルソナの持つ良心です。良心という日本語は曲者ですね。原語conscienceは善悪を意識し判断する心であり、単なる良い心ではありません。具体的な個人存在、ペルソナが自分の人生の中で、この行為が正しいか正しくないかを判断し、正しくないと意識し判断しながらそれを行えば、彼は悪い人間になるのです。自己の内なる良心に問いかけることが重要になります。

――しかし保守的な信者は聖書で取り扱われていない問題についても、すべて聖書に根拠を探す傾向がありますね。

A　キリスト教は神の啓示であり、神の啓示の泉は聖書と教会の伝統です。教会はそれを解釈する権威をもつのみです。例えば同性愛の人々が聖書で批判されている場合、明らかに傾向性を持って生まれた人のことではなく、堕落してそういう道に入った人のことを批判しているのです。

確かに保守的な人はすべてにおいて聖書に決め手を求めます。しかし聖書と伝統に記載言及がない問題に対し、教会が道徳的態度を表明する場合は、その態度の重みは科学的哲学的裏づけの重みしか持たないでしょう。

――では、教会の態度も一つの物の見方にすぎないということですか。

A まあ、教会の教えですから、他の意見より重みはあります。このことをめぐって今、生ずる問題は、このような教会の教えが不可謬的であるかどうかということですね。しかしこういう科学と哲学の言い分に訴えている場合、教会の態度が将来変わっていくことはあるかもしれません。例えばパウロ六世は回勅の中で、家族の中で無制限に子供が生まれることを牽制しています。親は子を育てる義務があり、はたして何人を育てられるかにより家族計画を考えるべきだと。

――これは最近議論されている避妊の問題につながりますね。

A 一九六〇年代、当時の教皇パウロ六世は専門家を集めた諮問会議で少数派の意見を受け入れ、その結果、避妊具や経口避妊薬の使用を自然の法則に反する方法であるとして退けました。こういう場合、人間の自然、本性をどう考えるかが問題になります。人間の自然には理性が含まれているでしょう。まさにその理性によって、以前は分からなかった妊娠のメカニズムが明らかにされてきたのです。理性を用いて病気治療等の研究も行われますが、そこから生じた新しい研究成果もすべて人間にとって自然に反するものであるというのでしょうか。そうした見方は人間の行為を動物とまったく変わらないものと考えることになり、男女の愛の人間的尊さを見失ってしまいます。

――カトリック教会と同様、組織をもつ社会では、誰がトップの座に座るかは大きなことですね。

A　イエズス会士について、昔のようには教皇に忠実でなくなったと、ある人々は言います。それは不当だと思います。人間の弱さというものはあるけれども、私たちイエズス会士は教皇に忠実であり続けていると私は思います。助言を求められた場合、ごきげんをとって、はいはいと頷くのが忠実であるか、それとも必要と思われる時に反対意見を述べる勇気のある者が忠実であるかによります。

ローマで行われたイエズス会第三十五回総会の謁見で、教皇ベネディクト十六世はすばらしいことをおっしゃいました。

「イエズス会士は最前線に立つ集団です。戦いの場合には後方で待機している支援軍のありようと、実際に弾が飛び人が負傷し死人の出る場で働く者の立場は違います。そこでは誰かが人間的弱さから間違い、負傷者が出ることもあるけれども、自分は常にイエズス会士を信頼しています」と。そして総会の三百人のイエズス会士も、教皇に対する忠誠を改めて表明し確認しました。

ベネディクト十六世が教皇に選出された時、バルコニーに姿を現す前に枢機卿たちに、自分はプロテスタントや東方正教会などとキリスト教の超教派的結束を目指すエキュメニズム運動、そして結婚で挫折した人々の霊的指導に力を入れるとおっしゃったそうです。

――こういう結婚、再婚などについては、カトリック教会は大きな船ですから、舵をきってもそう易々と方向は変わらないでしょうね。

A　実際のところ、あまり褒められたことではないと思いますよ、教会の求心力が失われている状況は。教皇ベネディクト十六世の親しみやすい回勅は、教会の求心力を高めるのに役立つかもしれません。これは教皇の出す回勅の文献的な位置づけに変革をもたらしたと言えるものです。先代のヨハネ・パウロ二世はリーダーシップのある方でしたが、回勅は、これは駄目、あれはしなければならない、といったお役所の書類のようでしたから。

――ヨハネ・パウロ二世といえば、一九八一年二月に来日されましたね。最終日の長崎で、真っ白な吹雪の中の殉教者ミサは忘れられません。

「皆さん、勇敢でしたね。長崎にふさわしい今日の催しでした。この雪こそ恵みです。かつて日本の殉教者が味わった苦しみ、寒さに我々もあずかったのです。殉教者が信仰の種となったのです」と言われたのが印象的でした。

Ａ　ちなみにそのヨハネ・パウロ二世に私がローマで謁見の機会を得た時、迫力と言いますか重みと言いますか、フランス語でいうところの presence（存在感）を感じました。仏教徒が悟りを開いた人に会えば似たようなことになるのではないかと想像しますが、何も言葉を交わしていないのに、目の前にいる相手は自分の知らないことを知っている、と気づかされるのです。ヨハネ・パウロ二世はご自分のこうした特質を熟知されていたと思います。彼に面と向かって「自分の見方は違います」とはなかなか言えませんよ。

一方ベネディクト十六世ですが、二番目の回勅『希望による救い』の中で、奴隷として売られた黒人女性の運命について書かれた部分があります。

「私たちは永遠に生きるということを本当に望んでいるのでしょうか」。

まるで霊操を指導する者の話し方のようではありませんか。

――対話形式で表現しているという意味でしょうか。

Ａ　相手の自由を尊重しつつ深く考えさせるような、大変すばらしい接し方です。教理省長官だったラツィンガー教授が教皇ベネディクト十六世に生まれ変わった、この変わり方は、普通の国家でいえば検事総長が大統領になったようなものです。彼はもはや人々の非を追及する検事総長ではなく、皆をひとまとめにする父親のような使命をもつことを自覚し、実際その通りに行動されました。例えば避妊具などの使用が状況次第では妥当だと、もしも教皇が発言してしまったら、超保守的な人々による教会の分裂を呼び起こすことになりかねないのです。

——でもこれは重要な問題です。結婚生活の尊さに訴えるのはすばらしいことかもしれませんが、実生活では問題の解決になりません。避妊の取り扱いはエイズ感染の広がっているアフリカだけに限った問題ではありません。この問題について教皇は日本風に「三~四人いました」としか答えられないのでしょうか。

Ａ　教皇がこの問題についてきっぱりと言い切る時は、信者の集団が全体として教皇の言葉を受け入れる準備ができた時です。教皇は教会を分裂させる発言をするべきではありません。似たような問題はいろいろあり、女性の司祭叙階問題についても言えます。十二使徒は男性でした。ですから男性司祭の数が揃えられる間はそうしておこうというのです。しかし文化的状況が変われば、女性が叙階されることも可能になるでしょう。

——今のところ教皇はまだ何も言えませんね。何か打つ手はないのでしょうか。

Ａ　少なくとも美しい文章で人の心に響く回勅を書いておられます。

——その美しい文章は変化を速めるでしょうか。

A　主なる神は選ばれた民に四十年間砂漠を彷徨わせました。エジプトでの奴隷生活を経験した世代が皆亡くなってからはじめて、次の世代が約束の地に入ることを許されました。神は時間と忍耐をもって、ことにあたられるのです。

第十五章　ミネルヴァの梟

――ここ数十年の間に宣教活動に対する見方は根本的に変わりました。宣教師が信仰と共にヨーロッパの文明を伝えるというイメージはもう消滅しています。

A　ここ数十年だけでなく、キリスト教宣教の二千年の歴史の間に、様々なあり方、時期がありました。すでに新約聖書に宣教活動のいくつかのパターンが現れています。第一に、イエス自身あるいは聖パウロが町から町へ歩き、人々に呼びかけ回心を勧めた宣教の形。この場合は先に言葉があり、そこから行為が生じます。つまり言葉で人々に呼びかけ、人々が回心すれば生き方を変えキリスト教徒になる。しかし新約聖書にはヨハネ的な別な伝統もあり、まず行為があり、言葉が追随する宣教の形もありました。聖ペテロの第一書簡にそれを鮮明に示す文章があります。

「心の中で主キリストを聖なるものとして扱い、あなたたちのうちにある希望の理由をたずねる人には、やさしく、うやまいつつ常に答える準備をせよ。よい良心をもつように、そうすればあなたたちがキリストにおいて行う、善い行いを罵る人々は、自分が罵ったことを恥じるであろう」。

この二番目の宣教活動の形は、まず新しい生き方の実例があり、それが言葉で説明される場合です。現代では二つのうち、どちらがより有効でしょうか。現代における一番目の形の有効性を疑う要因は、二千年間使われてきた宣教活動のための言葉を、繰り返し聞くことに新鮮さを感じない人々も多いからです。一方、古代ローマ帝国でのキリスト教迫害の歴史を見て下さい。迫害が終わりキリスト教が認められ公の場に出て四方を見渡せば、驚くべきことに地中海社会のほぼ半分はキリスト教に心を開く社会でした。それは宣伝の言葉が実ったわけではなく、信仰は知らず知らずのうちに生き方の模範、信者の実生活の証言などにより広がり、これは二番目の形の宣教活動の結果でした。

次は地中海でキリスト教が国家宗教として広まり始めた時に大きな変化がありました。ローマ帝国の国家宗教になったキリスト教は力を強めていきますが、イエスの福音の最初の内実から離れていく危険も伴います。キリスト教の理解が現世的になり、一見多くの人の期待にこたえるようで、イエスの福音の真の深さはどこかへ行ってしまうという問題が起こりました。四世紀のローマ帝国内には多種多様な言語文化の国々があり、コンスタンティヌス帝はこのような地中海社会を統一するには、キリスト教という一つの宗教が皆を結びつける絆になると考えます。しかし信仰の理解について地方によりキリスト教徒同士もまちまちだったため、皇帝は司教を集めて公会議を開き、少なくとも言葉を統一することにしました。公会議で表現を統一し、明文化した信仰箇条をローマ帝国の法律とし、これに反する者を罰しました。キリスト教の初期には考えられなかった要素、信仰における異質なものを法律で罰するという要素が、キリスト教の中に入って来ました。

——中央ヨーロッパには違う形で伝わりましたね。

A アルプス以北の中央ヨーロッパは国の君主個人が主役になりました。君主が福音を受け入れキリスト教徒になれば家来や領内の国民は追随し、君主中心にキリスト教化が進む場合もありました。日本でも領主がキリスト教徒になり領民が追随することがありましたが、それが表面的なものでなかったことは、幕府による禁止令が出ても信仰を捨てず殉教する者が大勢出たことで明らかです。

さらに近代以降は植民地主義と一体となり、兵士と商人の後ろに宣教師がいて、現地の人々に衛生面の指導をし、読み書き算盤と共に要理教育を教えました。やがて植民地時代が終わり、現代においてこのようなキリスト教宣教の形は終焉を迎えています。

しかし宣教活動は、学校を作る、ホームレスの世話をする、などキリスト教教会の様々な活動の中の一つではなく、教会の主旨そのものです。それは人に信仰の道を示し信仰を分かち合う、教会の根本的なあり方そのものなのです。イエスは世界中に弟子を送りました。地域や時代によりどのような宣教活動の形を使うか、よく考えなければなりません。

——例えばマザー・テレサのやり方は新しい宣教活動の一つとして見ることができますね。マザー・テレサは貧しく置き去りにされ道端で死んでいく人々に水や食事を与え人間的愛情を寄せる。要理教育ではなく人間が兄弟であることを行動で示し、心の回心は神様に任せる。これは宣教の一つの形になりませんか。

A　そうですね。私たちはかつて福音がからし種として蒔かれた時期、自分の中に成長していく力を持つからし種として蒔かれた時期を、再び経験しているのかもしれません。

今ヨーロッパでは司祭志願の神学生の数が減っています。これでは将来礼拝を提供できなくなると嘆くより、また神学生の数が増えるよう神に祈るより、このような困難に直面した時は、問いを正しく立てることが一番大切です。間違った問い方に対して適切な回答は得られません。私たちが一生懸命祈っているのに、召命（司祭を志願すること）が減る一方なのはなぜか、という問いは間違った問い方でしょう。この召命の減少をもって神は私たちに何を言おうとされているのか、というのが正しい問い方で、正しい問いには答えの半分が潜んでいるといわれます。

——では何を言おうとされているのですか。

A　答えの方向づけは六十年前の第二バチカン公会議が、すでに示しています。それは、聖職者中心の教会の時代が終わろうとしている、ということです。教会改革を目指した十六世紀後半のトレント公会議では、改革を促進するため司祭にしっかりとした教育をすることが考えられ、神学校が各地に設置されました。司祭養成改革の実りが現れるまでに百年かかりましたが、教会は立ち直りました。

今日の私たちは短気で、第二バチカン公会議から六十年たった今、まだ実りが見えないことにあせっています。しかし個人の心の営みの傾向は数十年程度で変化しますが、言語や文化、社会の傾向はゆっくりと変わります。聖職者による教会の文化体制は四百年間有効でした。しかしその時代は終わろうとしています。神が私たちに言おうとされているのは、これからは教会についての責任を司祭と共に一般信徒も担わねばならない、教会が何をしてくれるか待つだけではなく、自分たちが教会において何ができるかを問わねばならない、ということでしょう。それは第二バチカン公会議のメッセージでもありました。司祭だけにすべてを期待するのではなく、洗礼の秘跡を通して信者が共有している共通の司祭職を男女ともに生かすこと、教会刷新の息の長い活動に信者が参加しその責任を担っていくことを、神は私たちに示されているのではないでしょうか。

——おっしゃるように、確かにここ数十年、私たちの社会的意識は変わってきました。では哲学に関していえば、かつてチェコ、ヂェチーンのイエズス会哲学院で哲学を勉強していた学生の哲学的自己意識、展望は、数十年の間にどのように変わってきたのでしょうか。

A　実はその学生が哲学的問題を思いめぐらしていたのはイエズス会修練院に入る前、八年コースのギムナジウム（中高等学校）の最後の二年間でした。当時は第二次世界大戦の終戦直後でしたが、チェコスロヴァキア政府はすでにソ連の影響下にあり、教育もソ連寄りのプログラムが組まれました。哲学を教える先生がスターリンの「弁証法的歴史的唯物論」を教材にして、マルキシズム、レーニズムを講義しました。私は教会に通うようになり将来イエズス会に入ることも考えていた時期で、反対意見ばかり述べ、先生の授業を台なしにしました。さらにいろいろ調べると哲学への興味が深まり、イエズス会の修練院に続く哲学院でいずれそれを研究できることを楽しみにしていました。修練院では哲学的研究は主題ではなかったのですが、哲学で言われる神は永遠不動のもので、私たちの祈りにおける神との交流はいかにして可能か、という疑問が頭をかすめました。この問題は哲学院まで先送りになりましたが。

またヂェチーンの哲学院では入学後、半年たたないうちに共産党政権による修道生活への弾圧が起こり、チェコの修道者全員の逮捕、拘束と共に研究も途絶えました。しかしヂェチーンでマレシャルの思想に近づき、その後ローマのグレゴリアン大学で彼の信奉者ドラノワ教授の授業に参加し、マレシャルの著作をことごとく興味深く読みました。マレシャルの哲学はトマス・アクィナスのスコラ哲学にカントの認識論的基礎づけを試みています。

――このマレシャル風のスコラ哲学に対する興味は日本でも続いたのですか。

A　そうです。私が東京で哲学を教え始めた頃、マルクス主義者を除けば日本の哲学者もカント哲学を基礎に置いていることを見届け、カントとスコラ哲学を結びつけようとしていた私は励まされました。あの当時日本では三種類のグループの哲学者が大学にいました。一つ目は戦前の現象学の伝統に立ち戦後パージされたハイデガー系統の哲学者たちで、これが大学に戻り始めました。二つ目はマッカーサーが刑務所の扉を開けて出てきたマルクス主義者たち。三つ目はフルブライトの奨学金で留学し、アメリカ合衆国から記号論理学や言語哲学の哲学者として戻ってきたグループ、この三つのグループがありました。日本では東京大学はもともと国家の役人を育てるために設立され、職務と義務を尊重するカントの倫理学は国家公務員の倫理学にもってこいのものとして、取り入れられたのです。

哲学史を担当していた私は、自分自身の研究としてカントの思想を深めていきました。フィヒテが「カントの哲学を理解することは、それを乗り越えることを意味する」と言ったのは当たっています。カントを乗り越えるとはドイツ観念論、ヘーゲルの方向づけを持ち、ヘーゲルの思想は現代の世界の問題にも通用する思想だと私は思います。

ヘーゲルの法哲学序文に「哲学とは思想に表現された現代社会である」という深い言葉があります。哲学というのは現代という時代を概念的に表現し、思想において捉える以外の何ものでもない。現代という時代を理解してしかと命名する。現代という不思議な得体の知れないものの真相を暴く。哲学史に関するヘーゲルの取り組みは前例のない新鮮なものがあります。

二〜三千年のヨーロッパ哲学の営みの間、哲学者たちは過去の哲学の歴史を誤謬の記録と考え、過去の哲学者を反駁する向き合い方しかしてこなかった。しかしヘーゲルの考えでは各時代の哲学はそれぞれの歴史的現実の把握であり、みな幾分かの真理を含みます。それぞれが哲学である限り、その時代の真相を暴くものと考えました。例えばトマス・アクィナスのスコラ哲学の真理は、ヨーロッパ中世の封建社会のありようにおいて展開された自己意識です。ヨーロッパの中世とは何かと尋ねる人への答えはスコラ哲学となります。

そしてそのようなヘーゲル的捉え方は、同時に現代哲学者への刺激となります。過去の哲学の大家の言い分を繰り返せば哲学になるのではありません。自分が生きている時代の真相を捉えるのが哲学の課題です。このような考え方は相対主義と疑われるかもしれないし、また確かに現代の解釈哲学の中にはヘーゲルの伝統を受けて、人の思想の真偽を確かめるよりは、その思想の中に自分の現実の偽りない表現があるかという点だけを注目する流れがあります。しかしヘーゲルはこの流れに堕ちてはいません。ヘーゲルの哲学体系は、論理学つまり伝統的存在論、自然哲学、文化哲学の三つから成ります。五千年の文化史はヘーゲルの思想的体系そのものではなく、体系の一部にすぎません。ヘーゲルの思想が相対主義に陥らないのは、その存在論が歴史文化に関係なく成り立っているからです。

――スコラ哲学とカントの結びつきから、ヘーゲルへと興味が移って行ったのでしょうか。

A　東京で哲学を教えていた時、カントとヘーゲルの間を行き来しました。カントなしのヘーゲルはあり得ませんし、他方カントはヘーゲルの体系的思想に賛同しないでしょう。カントは認識の限界を確かめる批判哲学で、ヘーゲルはカントの打ち立てた禁止令を破り、人間の哲学を無限に乗り越えていった。カントの立場に立てばヘーゲル哲学は成り立たないが、しかしヘーゲル哲学自体はカントの出発点なしには考えられない。カントかヘーゲルかという問題は未解決のままです。

カント思想は私たちの認識の構造の地図を描いているが、内容は乏しい。言語に例えればカントは文法だけを展開している。文法は大事ですが、文法だけでは何も言えません。

かつてヘーゲルは『抽象的に考えるのは誰か』という記事を新聞に発表しています。ヘーゲル哲学に対し、抽象的だという批判が多かったことを念頭においての反論です。その記事で彼が示しているのは、町の市場で魚を売る人が一番抽象的に考え、哲学者が一番具体的に考えるということです。魚の売り子は自分が売りに出す魚がこの値段で本当に高いか安いかの真理について何も知らない。それに答えるには国家の経済状態などを理解し、関係事実の情報分析が必要で、それなしにはほんの一部についてしか話さないことになってしまう。ヘーゲルの叡智は、すべてがすべてとつながっているという意味で、真理は全体であり、全体の連関から切り離して問題を整理すると抽象的で誤った思想になる、という点にあります。思惟するとは個々のものを全体に位置づけることであり、すべてがすべてとつながっている仕組みを理解して初めて真理を認識することになる。個々の場合を連関、つながりから切り離してしまうと、それ自身相対的であるもの、他のものによって成り立っているものを、あたかも絶対的と考える誤りとなる、というものです。

――ドイツ観念論はフィヒテ、ヘーゲル、シェリングと言われますね。

A　フィヒテにおいては思想的暴力があまりにはっきりしているので、私としては付き合えない相手です。彼の本の副題は『――読者に理解を強制する試み』です。このようなフィヒテの思想は私にはいただけません。フィヒテがヨーロッパ哲学に失礼な暴言を導入した張本人です。カントまでは哲学者は紳士のように振る舞い、自分と違う意見の者にも礼儀を尽くしました。フィヒテは自分の思想に自信があり他の思想家を嘲笑います。このフィヒテの欠点をマルクスが受け継ぎ、彼も金槌で哲学する、と言っていますね。その時以来、哲学者たちがお互いを傷つけるような表現を使いたがるようになった。カント、フィヒテ、ヘーゲル、シェリングも神学部を卒業していますが、司牧者にはなり損ないました。

四人のうち、神学への忠実さを守ったのはシェリングです。彼はベルリンの講義録の形で神話の哲学とキリスト教的啓示の哲学を私たちに残しました。私は自分の研究としてその啓示の哲学を取り上げようと思ったのです。

シェリングはヘーゲルと同様にどの宗教もその時々の時代と社会的連関の中に正当性を持つとみていました。またキリスト教の中に全宗教的歴史の収穫、すべての他の宗教の真理があると考えました。シェリングもヘーゲルも一神論的宗教だけでなく、インドや中国の神話と思想の研究に挑みますが、彼らがどこまでその思想を理解できたかは疑問です。当時はインターネットもなく、今日のような情報、資料を集めることはできなかったでしょう。私はカード箱を用意し、シェリングの思想をめぐるあらゆる資料を集め始めました。しかしその計画は完成しませんでした。

――東京での活動が忙しすぎましたか。

A　宣教地での宣教師という立場は、組織的研究をすることが困難な状況に置かれます。常に他の仕事から横やりが入り、一つの研究に集中できない様々な要素があるのは仕方のないことです。日本語という言語で教え、ものを書くことも容易ではなく、自分の母国語で活動するよりも多くの準備が必要でした。

上智大学で教え始めた頃、私は大きな日本語の西洋哲学辞典を手に入れ、講義に向かう前に、導入したい概念の正確な日本語訳を確かめました。しかしそれは無意味な行為で、哲学辞典にある用語はどれも、教室にいる学生に通用しない人工語ばかりでした。日本で哲学用語がドイツ語や英語から日本語に翻訳された時、多くの漢字から二つくらいの漢字を取り上げて合成語が作られたのですが、これは生きた言葉でないので意味をなさなかった。だから何か講義に新しい概念を使おうと思えば、あらかじめその意味を日本語で細かく説明しなければならなかったのです。ちょうどカントが先験的、超越論的、という形容詞を使い始めた時、いちいち丁寧に説明しなければならなかったのと同じです。

年を取るにつれて、かつてグレゴリアン大学で教えていただいたベルギーのドラノワ先生の言葉とその叡智を再認識することになりました。ドラノワ先生は、「私たちがそもそも生きるという現実に、思想は決して追いつかない。生きるという行為は先にあり、それを反省して思想で追う時、行為は逃げている。何か思想で捉えたと思う時には、その生命、生きるということはすでに逃げている。自分の生きた人生を思想で捉えまとめようとすることは、課題としては有意義だが、実行不可能だ」とおっしゃいました。どうしてそうなのかも、随時、分かってきました。

思想はすでに起こったことを振り返る作業です。さらに私たちに見える日常の世界は人間の感覚能力の機能に対応するものにすぎない。私たちが向き合う世界は、人間に感知できる範囲において人間として観察する、否応なく人間的世界です。人間について話す場合、自覚として自分が人間だという場合、私たちは何について語っているのでしょう。

無矛盾にできている公理系は、それ自身の中において真とも偽とも決定できない命題を必ず含んでしまう、というゲーデルの第一不完全性定理の示すように、また今使っている公理系自体が無矛盾であるということも、その公理系の中では真偽を決定できない、という第二不完全性定理の示すように、自分の目でその目自体を見ることはできません。自己言及に限界があることは認めなければならないでしょう。

シェリングに話を戻せば、彼が提示している根本的問いは、そもそもどうして何かが存在し、無ではないのか、というものです。世界全体のコンティンゲンツィア（非必然性）の問題であり、これは思想的には答えられない問いです。

「神だけがある場合と、神とその創造した世界がある場合で、存在は増え、あるいは豊かになったか」という問いに対し、スコラ神学の答えは否です。世界は神の存在に何も加えはしない。存在が豊かになったわけではない。トマス・アクィナスは、「存在者の数は増えたが、存在自体は増えない」を正しい答えとしました。想像しきれない宇宙、人類全体の文化史などをすべて加えても、存在は何も増えない。すでに神がすべてであるから。

キリスト教の神、Ｇｏｄは、ギリシャ神話の神々のように自然の力や人間性のイメージを天空に投影したものではありません。ですから創世記の「天地創造」も、ビッグバンのような宇宙の起源と生成過程に関する、素朴で非科学的な説明ではありません。聖書に書かれた表現を文字どおり受け取るのではなく、当時の厳しい歴史的政治的状況の中で、ユダヤの聖書著者がその時代の表現により表そうとしていた意図を読み取るべき、というのは第二バチカン公会議の認めるところです。「天地創造」は人間と宇宙の存在が神に依存し、神から継続的に働きかけられている関係を表します。暗闇と混沌と絶望から、神により光と秩序が生まれ、人間の希望が生まれた、という一つの象徴的な表現といえるでしょう。

また、出エジプト記で神はモーセに話されます。「私は『われ在り』である」と。キリスト教徒にとって根本的問題は、神が存在するかどうかという問いではなく、むしろ神は「われ在り」であり神においてすべてがあるのに、どうして神以外の何かがあり得るのか、という問い、神は無限であり常に現存であるのに、どうしてこの必然性のない理不尽な世界があるのか、という問いなのです。

――私には、とても答えられませんが。

A この問いに対し、カントの後継者である弁証法哲学者あるいは弁証法神学者、フィヒテ、シェリング、ヘーゲルが答えとして提示するのは、存在を運動として把握すること、つまり神が自己疎外から自己へ戻る運動として把握する以外に答えはない、ということです。反対に敬虔な信者を困惑させるのは次のような論法です。

「君は神を信じますか? はい。……ということは無神論者ではないようですね。はい。……でも、もしかして汎神論者? いいえ! ……となると神は世界ではなく、世界は神ではない、と考えている、と。はい。……神は無限だと信じますか? はい。……しかし神もあり世界もあるといい、神が世界でないなら、神と世界の間には境界線が引かれ、君の神は無限ではないことになりますが?……」

存在の概念をこのように数学的に静的に捉えると袋小路に追い込まれます。弁証法哲学者神学者たちのように、存在を運動として捉えて初めてそれについて有意義に語ることができるでしょう。そのためにヘーゲルはギリシャ哲学の概念に舞踏を教えねばならなかった。ギリシャ思想は現実と概念を静的に対応させて固定し、概念を常に同じ意味に使おうとします。しかしそれぞれの概念は自己固有の運動と歴史をもって生きる。つまり幾何学や数学の概念と違い、生き物の概念は自己の形を保持しません。生き物は刻一刻と変わり、その生き物を概念で捉えようとすれば概念も自己の歴史と運動を持つことになります。

宇宙を存在させる真理である神、そして神と世界との関係である天地創造をこのように捉えれば、神が己から離れて私たちの世界、有限な世界を創造し、それを再び己の中へと解消するといえるでしょう。神ご自身がこの有限な世界の中に入り、世界と自己を同一化、受肉し、再び自己に戻る。こういう動的な枠組みの中で初めて世界が存在可能となり、神以外に何ものかがあり得ることになります。

人間とは何かという問いに、私たちはどう答えればいいのか。人間は汲みつくせない神秘です。この問いはその動的な枠組みの中で、一つの答えを提示されるでしょう。そこにおいて人間とはナザレのイエスであり、イエスにおいて森羅万象は神の現実に戻り、神と一致します。己から離れた神はやがてまた己に戻られます。この動的な枠組みにおける運動だけが、ヘーゲルのいう具体的無限、真なる無限であり、真なる無限は有限な世界を自らのうちに含むことになります。

キリスト教徒の希望は、自らの有限性を超えた希望は、私たちが三位一体の神の内的生命の動きに加わるよう招かれている、という希望です。超越性のみを顕す神ではなく、私たちに呼びかける神、有限な世界の私たちに三位一体を通し、関係を示される神、この関係こそ愛なのです。

ベネディクト十六世はすぐれた神学者です。彼は信仰こそ理性を自由にし、理性はまた信仰を自由にする、という。両者は互いに補い合うと。そして理性が人間にふさわしいものとなるのは、理性が意志に行く道を教える時であり、それが可能になるのは、理性が理性自身の彼方を見つめる時である、と。思うに哲学は自己完結する学問ではありません。たとえ、「語り得ぬものについては沈黙せねばならない」という断崖の端に哲学が踏み止まるにしても、語りうるものの限界とその彼方を見つめるまなざしは、理性にとって大変有意義な営みではないでしょうか。

ミネルヴァの梟は黄昏に光を求めて飛ぶのです。

本書の経緯と謝辞

本書の元となった原書は、チェコ、プラハ生まれの元上智大学哲学科教授、ルドヴィーク・アルムブルスター神父の波乱に満ちた半生を、アレシュ・パラーンがインタビューするという形で、二〇一一年、チェコにおいて出版された*Tokijské květy*（東京の花）です。この原書の概略を東京大学の杉戸勇気氏のご協力によりチェコ語から日本語に翻訳し、その後、神父本人が構想を新たに、日本語で内容を大幅に変更したものが本書となります。

アルムブルスター神父は四十年近く上智大学哲学科で教鞭をとり、日本語は極めて堪能で、特に哲学科における日本語によるカント講義はその深さ、鋭さにおいて多くの学生に感銘を与え、後々まで語り草となる名講義でした。作家、隆慶一郎の葬儀ミサでは哲学者ガブリエル・マルセルの言葉、「愛している、だから、あなたは死なない」を遺族のために引用され、また音楽を愛する神父ご自身が、「疾走する悲しみ」と呼ばれたモーツァルトの弦楽五重奏第四番（Ｋ５１６）を連想させる、五月一六日生まれの方でした。

上智の哲学科同窓生の集まりでチェコでの原書出版のことを聞き、日本における出版許可をお願いしたのは二〇一二年五月に来日された折のことです。最初は否定的なお返事でしたが、粘り強くお話しするうちに、何とか許可をいただきました。さっそく上智出身の元清泉女子大学学長、塩谷惇子先生のご協力により、東京大学総合文化研究科の高橋英海先生から当時博士課程在学中の杉戸勇気氏を、チェコ語の原書の概略翻訳のため紹介していただき、翌二〇一三年には杉戸氏による翻訳が完成しました。

しかしその後、神父から、原書はチェコの人々に向けて書かれたため、日本の初歩的紹介部分がある一方で、チェコでは当然知られている自国の歴史やヨーロッパの政治的社会的状況などを省略しており、日本で出版するなら前者を削り、後者については大幅に内容を追加しないと理解されにくいだろうというご意見をいただきました。それを受け、二〇一三年の夏から秋にかけ合計一か月、プラハで日本語による取材をさせていただき、話された内容を追加し、全体の構成を変更したものが本書となります。本書の内容と構想はアルムブルスター神父のものですが、書名、章配列の変更、文章の責任は羽生にあります。

本書の出版に関して先頭に立って下さった清泉女子大学の塩谷惇子先生、ご協力いただいた東京大学の高橋英海先生、広島市立大学の柿木伸之先生、原書ですばらしいインタビューをされたアレシュ・パラーン氏、原書チェコ語翻訳の杉戸勇気氏、継続して総合的なアドバイスをして下さった出版プロデューサー川端幹三氏、貴重な助言をいただいた池田雅延氏、そしてプラハで日中の公務を挟み朝晩合計一日五時間の取材を、一か月に渡り忍耐強く受けて下さった哲学者にしてイエズス会士、ルドヴィーク・アルムブルスター神父に、心から感謝申し上げます。

二〇一五年一月

羽生 真名

ルドヴィーク・アルムブルスター（Ludvík Armbruster）

オーストリア国籍を持つカトリック（イエズス会）司祭、哲学者。
1928年チェコ、プラハ生まれ。グレゴリアン大学で哲学を、ザンクトゲオルゲン大学で神学を学ぶ。1959年叙階。1962年から上智大学文学部哲学科でドイツ観念論を中心に教え、70年代からは図書館長として上智大学中央図書館の建築に尽力。1999年定年退職後、プラハに異動となり、2003～2010年、プラハ、カレル大学神学部学部長。現在、カレル大学名誉教授。上智大学名誉教授。プラハの聖イグナチオ教会司祭。チェコのイエズス会管区長補佐。

［訳者］羽生真名（Hanyu Mana）

1974年上智大学文学部哲学科卒。東京生まれ。
著書に『歌う舟人──父、隆慶一郎のこと──』（講談社）。

黄金のプラハから来たイエズス会士

発行日………2015年5月25日 初版

著　者………ルドヴィーク・アルムブルスター
発行者………阿部川直樹
発行所………有限会社 教友社
275-0017 千葉県習志野市藤崎6－15－14
TEL047（403）4818　FAX047（403）4819
URL http://www.kyoyusha.com
印刷所………株式会社シナノパブリッシングプレス

ISBN978-4-907991-14-2　C0010